High G.B.S. 시리즈

귀납적 방법에 의한 구역 및
대학 · 청년부 소그룹 교재

High 창세기 I

프리셉트성경연구원 편

프리셉트

*서 문

프리셉트성경연구원은 1982년 이래로 성경연구 전문 서적을 편찬해 왔고, 더불어 목회자들과 교회지도자들을 하나님의 말씀으로 훈련하는 심도있는 프리셉트 성경연구 과정을 개설해 왔습니다.

2,000년대에 들어서서 상당수의 교회들이 성경을 개역개정판으로 바꾼 바 있습니다. 하지만 최근 통계에 의하면 대부분의 중소형 교회들은 여전히 개역한글판 성경을 사용하고 있고, 인구 비례로 1/2내외가 개역개정판을 사용하고 있는 실정입니다. 이러한 점을 고려하여 High 창세기 I 은 개역한글판 성경을 그대로 사용하였습니다. 개역개정판 성경으로 공부하시는 분은 두 성경의 차이성을 살펴보면서 본문의 진리를 더 깊이 묵상하는 축복을 누리게 될 것입니다.

한편, 프리셉트는 한국 교회를 효과적으로 돕는 다양한 교재를 구역, 셀, 소그룹, 그리고 청년부의 조모임을 위해 많이 개발하고 있습니다. 그 종별의 특징은 다음과 같습니다.

Ⅰ. G.B.S. 교재의 종별 특징

1. High G.B.S. 시리즈
   평신도 소그룹 중 성경공부를 장기간 진행해 온 분들에게 적합한 교재입니다. 프리셉트성경연구원의 고급 과정(PUP)에서 다루는 내용을 압축하여 정리한 내용으로서, 참여자들이 1시간 정도 예습해 올 수 있을 때에 효과적으로 진행할 수 있는 교재입니다.
2. BEST G.B.S. 시리즈
   참여자마다 다른 수준과 다양한 점을 고려하여, 다양한 포커스를 가진 도입 글과 질문을 제시하였습니다. 뿐만 아니라 깊이있는 질문을 다각도에서 나눌 수 있도록 선택 질문을 기획하여 묵상의 깊이를 더하였습니다. 한편 BEST G.B.S.를 쉽고 편하게 진행하길 원한다면, 「더 깊은 연구와 묵상을 위하여」를 생략하고 다룰 수 있습니다.

3. 쉬운 G.B.S. 시리즈

이 교재는 누구나 예습없이 현장에서 질의응답식으로 쉽게 진행할 수 있게 구성되었습니다.

4. 주제별 G.B.S. 시리즈

이 교재는 성경의 내용을 주제별로 다뤄서 해당 주제에 대해 성경적 세계관을 확립하는 데 큰 도움을 줍니다.

5. 하나님 마음에 합한 시리즈

이 교재는 총 16가지 신앙생활에 관한 주제를 가지고 소그룹용으로 편찬한 교재로서, 쉬운 G.B.S.에 비해 다루는 내용이 넓고 깊습니다.

6. 40분 G.B.S. 시리즈

이 교재는 미국 프리셉트 본부에서 약 40분 동안 진행할 수 있게 기획된 교재로서, 활발한 토의식 성경공부에 편리하고 유용한 교재입니다.

7. 기타

그 외에 수련회용, 주말 성경학교용, 청소년용 등 많은 교재가 준비되어 있습니다.

II. 인도자를 위한 안내

1. 시작 시간을 정확하게 지키십시오.
2. 성령님께서 말씀의 비밀을 깨우쳐 주시도록 함께 기도하십시오.
3. 성경공부에 들어가기 전, 지난 주에 깨달은 말씀을 함께 나누면서 마음을 여는 시간을 가지십시오.
4. 인도자는「도입을 위한 글」(서론)을 읽은 후, 다양한 질문을 하여 참여자들의 활발한 토론을 유도하십시오. 이때, 교재에 주어진 질문만 하지 말고 다른 보충 질문들을 준비하여 이끌어 가십시오.
5. 각 문제에 적절한 시간을 안배하여 중점적으로 다룰 문제는 충분히 토의하고 지엽적인 문제는 간단히 진행하십시오.
6. 각 과를 인도한 후, 다음의 평가항목을 통해 스스로 자기 평가를 하십시오.
7. 인도자로서 좀 더 깊이 성경을 배우고자 하는 분들은 프리셉트 성경연구 과정에 참여하셔서 도움을 받으시기 바랍니다(문의: 02-588-2218).

Ⅲ. 평가항목

1. 보조 질문은 좋았는가?
   명확하고 간략했는가?
   본문과 본질적인 문제에 충실했는가?
   깊은 통찰과 적절한 적용을 이끌어 냈는가?
2. 참여자의 발표를 잘 유도하고 격려했는가?
3. 말을 너무 많이 하거나 적게 하지는 않았는가?
4. 준비를 충분히 하였는가?
5. 본문에서 동떨어지게 벗어난 방향으로 토의가 진행되지는 않았는가?
6. 시간은 잘 지켰는가?

Ⅳ. 본 교재에 대하여

창세기는 시작에 관한 책입니다. 우주의 시작, 인생의 시작, 역사의 시작, 죄의 시작, 구속 사역의 시작 등 인류의 근원적인 질문에 대하여 해결책을 제시하는 놀라운 책입니다. 이 책은 우리의 하나님 곧 크신 능력과 흔들리지 않는 의(義)와 측량할 수 없는 사랑을 가지신 하나님을 더욱 잘 알게 해줄 것입니다. 그리고 하나님의 창조 세계와 그분의 피조물, 그분의 제도, 참된 구원 언약에 따른 삶 등을 잘 이해하게 해줄 것입니다. 여러분은 창세기 안에 스며있는 진리를 통해서 견고한 신앙의 기반을 구축하게 될 것이며, 위대하신 하나님을 온 심령으로 찬양하는 기쁨을 누리게 될 것입니다.

프리셉트성경연구원
원장 김경섭

차 례

제1과 하나님의 천지 창조

찬송 : 75장
저 높고 푸른 하늘과 수없이 빛난 별들을 지으신 이는 창조주
그 솜씨 크고 크셔라 날마다 뜨는 저 태양 하나님 크신 권능을
만백성 모두 보라고 만방에 두루 비치네
본문 : 창세기 1:1-31
요절 : 창세기 1:1
"태초에 하나님이 천지를 창조하시니라"

서론

성경의 각 권이 모두 중요하지만 그 중에 창세기가 차지하는 비중은 매우 큽니다. 창세기는 신약성경에서 약 200번이나 인용되고 있는데 그 중에 25번은 예수님께서 직접 인용하셨습니다. 더우기 창세기 1-11장까지의 내용은 신약성경에 100번 언급되었고 노아의 홍수사건은 14번 언급되었습니다. 우리는 신약성경 곳곳에서 창세기의 거의 모든 장이 인용되고 있음을 볼 수 있습니다. 이것은 창세기가 분명히 하나님의 말씀이라는 사실과 아울러 성경에서 얼마나 중요한 위치를 차지하고 있는가를 보여 주는 것입니다.

이 과에서는 창세기 1장의 내용을 잘 관찰해 봄으로써 우리 인생의 근본적인 문제에 대해서 해답을 얻고자 합니다.

창조의 순서

1. 천지만물을 창조하신 주체자는 누구십니까?

① 1절에서 -

주) "하나님"의 히브리어인 "엘로힘"은 복수형으로서 성부, 성자, 성령 하나님을 의미합니다. 반면에 '창조하시니라'는 단수형 동사로 되어 있는데, 이것은 삼위 하나님께서 일체이심을 보여 주고 있습니다.

② 2절에서 -

③ 26절에서 -

2. 여러분은 삼위일체 하나님께서 천지만물을 만드신 사실을 믿습니까?
(참고, 요 1:1-3; 골 1:15-17)

3. 하나님께서 천지만물을 지으신 순서를 살펴보십시오.

① 첫째 날(1-5절) :

② 둘째 날(6-8절) :

③ 셋째 날(9-13절) :

④ 넷째 날(14-19절) :

⑤ 다섯째 날(20-23절) :

⑥ 여섯째 날(24-31절) :

4. 하나님께서 왜 이런 순서로 천지만물을 창조하셨습니까? 이 창조의 질서 속에서 여러분은 하나님의 어떤 성품을 엿볼 수 있습니까?

5. 하나님께서는 무엇으로 세상을 창조하셨습니까?
(3, 6, 9, 11, 14, 20, 24, 26, 29절)

주) 하나님의 말씀은 살았고 운동력이 있습니다. 하나님께서는 말씀으로 세상을 창조하셨습니다. 우리는 믿음으로 모든 세계가 하나님의 말씀으로 지어진 줄을 압니다(히 11:3).

6. 하나님은 오늘도 우리의 삶을 말씀으로 인도하십니다. 여러분은 날마다 말씀을 통하여 하나님의 음성을 듣고 또 그 말씀에 따라서 살고 있습니까?

7. 하나님께서 가장 나중에 창조하신 작품은 무엇입니까? (26절)
① 어떻게 만들었습니까? (26-27절)

주) 인간은 하나님의 형상대로 창조되었기 때문에 동물과는 달리 영혼이 있습니다. 지, 정, 의가 활동합니다. 또한 양심이 있기 때문에 하나님의 성품인 거룩을 추구하며 죄에 대해서는 거리낌을 갖게 됩니다. 그리고 이성이 있어서 사고하며 판단을 할 수 있습니다.

② 하나님께서 여러분을 만드실 때 그분의 형상을 따라 창조하셨습니다. 여러분은 자신의 약점과 단점을 긍정적으로 받아들여서 선한 방향으로 극복해 나가고 있습니까? 다른 사람의 약점에 대해서는 어떻습니까?

③ 하나님께서 인간에게 주신 복은 무엇입니까? (28절)

주) 하나님께서 인간에게 다스리도록 하신 동물에 대해서 두 가지의 잘못된 태도가 있습니다. 하나는 지나치게 동물을 우상시 하는 것이고(힌두교의 소 숭배, 서양의 애완용 개) 또 하나는 지나치게 동물을 학대하는 것입니다. 이런 태도는 모두 하나님의 명령에 위배된 것입니다.

④ 하나님께서 인산에게 주신 식물은 무엇입니까? (29절)

하나님의 활동하심

1. 창세기 1장을 통하여 하나님의 엿새 동안의 창조사역을 보았습니다. 그런데 여기서 또 한 가지 발견할 수 있는 사실은 하나님의 활동입니다. 하나님께서는 천지만물을 창조하시는 과정 속에서 끊임없이 일하고 계셨습니다.
다음 성경구절을 살펴보십시오.
① 운행하심 (2절)
② 말씀하심 (3,6,9,11,14,15,20,22,24,26,28,29,30절)
③ 창조하심(만드심) (1,7,16,21,25,27절)
④ 나누심 (4,7,14,18절)
⑤ 칭하심 (5,8,10절)
⑥ 두심 (17절)
⑦ 복을 주심 (22,28절)
⑧ 보심 (4,10,12,18,21,25,31절)

2. 하나님께서는 오늘도 여러분을 위하여 일하고 계신다는 것을 믿습니까? 전능하신 그분의 손 아래에 여러분의 인생의 짐을 내려놓으십시오.

3. 하나님께서 창조사역을 마칠 때마다 하신 말씀은 무엇입니까?
(4,10,12,18,21,25,31절)

4. 우리는 창조주 하나님께 무엇을 해야 합니까? (시 145:10)

메 · 시 · 지

이 세상 모든 만물을 창조하는 일에 있어서 하나님께서 모든 것을 계획하시고 섭리하시고 주관하셨습니다. 우리는 하나님의 이 창조사역을 보면서 어떤 태도를 가져야 하겠습니까?

첫째로, 하나님의 창조사역에 대해 성경에 기록된 대로 믿고 받아 들여야 합니다.

하나님께서 태초에 천지를 창조하셨다고 선언하시면, "아! 그렇다. 하나님은 천지를 창조하신 분이다. 그분은 전능하신 분이다. 무에서 유를 창조한 기적의 하나님이시다"라고 감격하는 것이 우리의 바른 태도입니다. 하나님께서 우주 만물을 창조하시고 인생들을 창조하시되 하나님의 형상대로 창조했다고 선언하시면, 우리는 "주님 그렇습니다. 주께서 주님의 형상을 따라 저를 창조하셨고 인생들을 창조하셨습니다. 감사합니다."라고 응답해야 합니다. 또한 하나님께서 모든 것을 정복하고 다스리라고 명령하시면, 우리는 삶 속에서 이 사명에 충성할 것을 다짐하며, 그 사명에 따라 삶을 계획하고 실행해 나가야 합니다.

둘째로, 하나님의 창조사역을 보면서 질서와 사랑의 하나님을 만나야 합니다.

하나님은 만물을 창조하실 때 질서를 따라 창조했습니다. 첫째 날에는 빛을 창조하셨고 넷째 날에는 그 빛을 발할 수 있는 해와 달과 별들을 창조하셨습니다. 또 둘째 날에는 궁창을 창조하시고 궁창 아래의 물과 궁창 위의 물로 나누셨고 다섯째 날에는 이 궁창과 물 속에서 움직일 수 있는 생물체인 조류와 어류를 창조하셨습니다. 또한 셋째 날에는 뭍이 드러나도록 하시고 이 뭍에서 자랄 수 있는 식물들을 만드셨습니다. 그리고 여섯째 날에는 이 뭍 위에서 식물들을 먹고 자랄 수 있도록 각종 동물들을 창조하셨습니다. 그리고 마지막으로 사람을 창조하셨습니다. 하나님은 이처럼 세밀하고 놀라운 질서와 계획하심에 의해 천지를 창조하셨습니다. 또한 하나님께서는 만물을 창조하실 때마다 "보시기에 좋았더라"고 하셨고, 특히 인간을 창조하신 후에는 심히 기뻐하셨습니다. 그리고 모든 만물을 우리 인간에게 맡기셨습니다. 우리는 어떤 존재입니까? 하나님께서 매우 기뻐하신 존재입니다. 그리고 만물을 다스리는 사명을 받은 존재입니다. 우리가 그 사명을 바로 수행할 때, 하나님은 우리를 기뻐하십니다.

마지막으로, 우리는 하나님의 창조사역을 보면서 일하시는 하나님을 만나야 합니다.

하나님께서는 천지만물을 창조하실 때에 계속하여 일하셨습니다. 하나님은 빛과 어두움을 나누셨고 궁창을 하늘이라 칭하셨으며 뭍을 땅이라 칭하시기도 했습니다. 하나님은 말씀하셨고, 창조하셨고, 나누셨고, 칭하셨고, 복주셨습니다. 하나님은 활동하시는 하나님입니다. 그분은 오늘날도 계속해서 우리를 위하여 일하고 계십니다. 천지만물을 만드신 그 놀라운 능력으로 우리의 삶의 현장 속에 찾아오셔서 우리의 모든 형편과 사정을 아시고 도우시는 분입니다. 여러분의 문제를 해결하시기 위해 일하시는 하나님을 경험해 보십시오.

제2과 창조 기사의 과학적 증거

찬송 : 40장

주 하나님 지으신 모든 세계 내 마음 속에 그리어 볼 때 하늘의 별
울려퍼지는 뇌성 주님의 권능 우주에 찼네 주님의 높고 위대하심을
내 영혼이 찬양하네 주님의 높고 위대하심을 내 영혼이 찬양하네

본문 : 창세기 1:1-31

요절 : 창세기 1:12, 21, 25

"땅이 풀과 각기 종류대로 씨 맺는 채소와 각기 종류대로 씨 가진 열매 맺는 나무를 내니 하나님의 보시기에 좋았더라" (1:12)

"하나님이 큰 물고기와 물에서 번성하여 움직이는 모든 생물을 그 종류대로, 날개 있는 모든 새를 그 종류대로 창조하시니 하나님의 보시기에 좋았더라" (1:21)

"하나님이 땅의 짐승을 그 종류대로, 육축을 그 종류대로, 땅에 기는 모든 것을 그 종류대로 만드시니 하나님의 보시기에 좋았더라" (1:25)

서 론

과학 문명이 발달하고 있는 이 시대에 우리는 몇 천년 전에 기록된 성경의 창조 기사를 보면서 여러 가지 의문점들을 갖게 됩니다. 이 때 우리는 먼저 하나님의 진리 위에 견고히 서야 할 필요가 있습니다. 그러면서 또한 이 말씀에 입각하여 과학적 진리를 탐구해야 할 필요도 있습니다. 과학이란 무엇입니까? 과학은 입증된 사실입니다. 경험을 통해서 사실을 확증하는 것입니다. 그런데 성경의 말씀은 진리이므로 결국 과학적 검토는 성경이 진리인 것을 반드시 강화시켜 줄 것입니다. 이 과에서는 성경의 창조 기사를 뒷받침해 주는 몇몇 과학적 이론이나 사실들을 살펴보려 합니다. 이것을 통해 여러분은 하나님의 말씀이 진리인 것을 알고 흥분하며 기뻐하게 될 것입니다.

에너지 법칙

1. 하나님께서 창조의 첫 날에 첫번째로 창조하신 것은 무엇입니까? (1절)

주) 이것은 시간(time)과 공간(space), 물질(matter)의 창조, 즉 우주의 기본 요소를 창조했다는 사실을 보여 줍니다.

주) 창조하다. (히: 바라)

① 아무것도 없는 상태에서 어떤 것을 기적적으로 만들어 내는 것

② 이미 존재하던 물질을 가지고 정성을 들여서 전혀 없던 것을 새롭게 만들어 내는 것

* 본문에서는 ①을 의미합니다.

2. 창조 당시 땅은 어떤 상태였습니까? (2절)

주) 혼돈 (히: 토우) - 정해진 꼴을 갖지 못함, 조직적이며 질서있는 형태를 이루지 못함

주) 공허 (히: 보우) - 텅 빈, 사람이 거주하지 않는 상태

3. 그 땅 위에 있던 물질은 무엇입니까? (2절)

주) 과학자들에 의하면 물은 우주에서 오직 지구에만 존재하는 매우 신기한 액체라고 합니다.

4. 수면에 운행하고 계셨던 분은 누구입니까? (2절)

주) 운행하다. (히: 라하프) - 흔들리다. 떨리다. 움직이다.
- 공중을 떠돌다. 배회하다.
- 암탉이 병아리를 품다.

■ **에너지 법칙**

그동안 과학은 우주에 에너지가 존재하고 있다는 사실과 또 이 에너지들이 어떻게 전환되는지를 밝혀냈습니다. 전 우주를 통하여 파동(wave)이 에너지를 운반하는 일을 해 왔고 에너지를 전환시키는 일을 해 왔습니다.

그러나 이 에너지의 근원이 무엇인지에 대해서는 침묵합니다. 에너지가 스스로 생성될 수 없다는 사실은 입증을 하면서도 그 근원에 대해서는 답변을 하지 못하고 있습니다. 이것이 과학의 한계입니다. 창조론을 신봉하는 많은 과학자들은 이 문제에 대해서 창세기 1장 2절에서 해답을 얻었습니다. 하나님의 신이 수면에 운행하신 사건! 이것이 바로 우주의 최초의 에너지이고 이 에너지는 영이신 하나님 자신의 사역으로부터 나온 진동(move)이라고 보는 것입니다.

그러므로 우리는 여기서 성령께서 창조의 힘, 에너지를 제공하고 계신 것을 알 수 있습니다.

〈참고〉 프리셉트성경연구원 간행, "프리셉트 귀납적 성경연구 과정 창세기 I", pp. 257-258.

캐노피 이론 (canopy theory)

1. 둘째 날에 하나님께서 하신 말씀은 무엇입니까? (6절)

2. 하나님께서 무엇을 만드셨습니까? (7절)

주) 궁창 (히: 라퀴아) - '얇게 뻗친' 이란 뜻.
- 보통의 하늘, 새가 나는 하늘(대기권)

■ **캐노피 이론 (canopy theory, 수증기 덮개 이론)**

1. 창 1:6-8의 궁창은 '하늘' 이나 '창공' 과 같은 용어이며 이것은 대기권 위로 넓게 펼쳐진 공간을 뜻합니다.
2. 창공 즉 대기에 의해서 두 개의 물 층이 나누어졌고
3. 궁창 위의 물은 보호적인 덮개(캐노피, 수증기 덮개)를 만들어서 대기의 저수지가 되고
4. 수증기 덮개는 높이 자리를 잡고 있어서 땅 위에 있는 생명체에 많은 유익을 주었습니다.
   수증기 덮개는 태양열로부터 지구 표면을 보호해 주었습니다.
   - 모든 곳의 기온을 따뜻하게 유지시켜 주고
   - 안정된 고정 습도를 유지시켜 주고
   - 커다란 대기의 유동을 제한하여 폭풍이 없고
   - 건강과 장수에 크게 공헌했으며 (아담-노아)
   - 돌연변이를 막아 줌
5. 이 궁창 위의 물은 노아 홍수 때 다 쏟아져 내렸습니다.

〈참고〉 프리셉트성경연구원 간행, "프리셉트 귀납적 성경연구 과정 창세기 I", pp. 259-262.

3. 성경에는 하늘 위에 장막(구름장막)이 있어서 하나님께서 사람들을 보호하셨다는 기록이 있습니다(시 18:11-16). 또 하나님께서 인간을 심판하실 때 이 장막(구름장막)에서 비가 내렸다는 기록도 있습니다(욥 37:1-13; 창 7:11-12). 성경과 과학적 사실은 모두 궁창 위에 물이 실제로 있었다는 사실을 알려주고 있습니다.

4. 궁창 위의 물(캐노피, 수증기 덮개)에서 우리가 배울 수 있는 교훈은 무엇입니까?

____

____

DNA의 발견과 돌연변이

1. 하나님께서 셋째 날에 땅에 식물을 내셨습니다. 어떤 식물들을 만드셨습니까? (11-12절)

____

2. 다섯째 날에 하나님께서 창조하신 것은 무엇입니까? (21절)

3. 여섯째 날에도 하나님께서는 땅의 모든 생물들을 각각 그 종류대로 만드셨습니다. 이 사실은 무엇을 알려 주고 있습니까? (25절)

주) 여기에서 '종류'란 동식물 분류학상 최고의 구분 단위에 해당하는 것입니다. 다시 말해서 그것은 한 집단 안에서 직계 혈통의 최고의 위치를 의미합니다.

① 하나님은 분명히 모든 식물과 모든 동물을 각각 그 종류대로 창조하셨다고 했습니다. 그러므로 식물이 점점 진화해서 인간이 되었다든지, 하등동물이 점점 진화해서 인간까지 되었다는 진화론은 틀린 것입니다.

＊고린도전서 15:38-39을 보십시오.

하나님께서는 각 종자에게 형체를 주셨습니다. 사람의 육체, 짐승의 육체, 새의 육체, 물고기의 육체가 처음부터 각각 따로 따로 구별되어 창조된 것입니다.

② 많은 과학자들도 이 사실을 증명해 주고 있습니다.

■ DNA의 발견

1. 모든 생명체 안에는 DNA라는 세포의 필수적인 구성 요소가 있습니다. 이것은 세포분자의 염색체 안에 있는 기본 물질로서 유전암호를 포함하고 있으며 유전형질을 운반하기도 합니다.
2. 이 DNA분자 때문에 모든 생명체는 각각 자기의 종류나 종자 안에서만 유전을 시킵니다.
3. 모든 생물들은 각각 그 종류대로 창조되었기 때문에 유전형질이 매우 다양하며 또 이것들은 같은 종류나 종자 안에서 다양하게 변이를 합니다. 그러나 결코 새로운 종으로서의 변화는 불가능합니다. 그러므로 서로 다른 종류를 교배시킴으로써 새로운 종류를 생산할 수 있다는 진화론은 타당치 않습니다. 개와 고양이의 교배는 불가능합니다.

■ **돌연변이(mutation)**

돌연변이는 DNA분자와 유전 형질에 대해서 예외적인 사건이라고 할 수 있습니다. 돌연변이는 유전자 안에서의 변화로서 부모로부터 물려받은 생명의 특징을 결정하는 세포의 부분입니다. 그런데 이 돌연변이의 결과로 변화된 유전자는 전과는 다른 새로운 유전 기질을 생산하기 때문에 진화론자들은 이 돌연변이를 진화의 원료품이라고 생각합니다. 물론 돌연변이의 결과로서 농작물이나 과일에 많은 유익이 나타난 것은 사실입니다. 그러나 돌연변이는 진화가 아닙니다.

그 이유는

a. 수학적으로 돌연변이가 한 번 나타날 확률은 일천만분의 일입니다. 그런데 이런 수학적 확률을 가지고 아메바가 수없이 많은 돌연변이를 거쳐 인간으로 진화되었다는 사실을 어떻게 받아들일 수 있겠습니까?

b. 대부분 돌연변이는 극도의 기형이나 불구를 나타냅니다. 살아 있는 유기체의 기능을 방해하거나 손상시킵니다. 이런 결과를 유발하는 돌연변이로써 어떻게 진화가 가능하겠습니까?

c. 대부분의 돌연변이는 방사선에 의해서 유발되는데 그렇다면 X-선 앞에 서 있으면 인간이 더욱 진보됩니까? 지구의 오존층이 파괴됨으로 돌연변이가 증가되면 인간에게 유익합니까? 결코 그렇지 않습니다. 누가 과연 핵전쟁 때문에 인간에게 진보가 일어난다고 말하겠습니까?

d. 결국 돌연변이는 진화보다는 퇴보되는 확률이 더 많고, 돌연변이로 진화를 설명하려면 고등 동물에서 하등 동물로, 열등한 진화론을 전개해야 합니다. 그렇다면 최고의 고등 동물에서 인간으로까지 열등하게 진화했다면 그 최고의 고등 동물은 어디에서 나온 것일까요? 결국 창조가 아닙니까?

e. 그러므로 돌연변이는 진화론보다는 창조론을 지지해 주고 있다는 사실을 생물학적 경험을 통하여 확인할 수 있습니다.

따라서 돌연변이는 창조된 정상적인 유전자에 결함과 훼손이 생겨남으로써 나타나는 예외적인 사건이며 단지 이미 존재하는 유전자 안에서만 변화가 되고 또 열등한 쪽으로의 변화이기 때문에 결코 진화를 위한 원료가 될 수 없습니다.

〈참고〉 프리셉트성경연구원 간행, "프리셉트 귀납적 성경연구 과정 창세기 I", pp. 263-272.

4. 오늘 공부한 내용을 통해 하나님의 창조사역에 대해 새롭게 깨달은 점들을 나누어 보십시오.

메 · 시 · 지

성경은 하나님께서 태초에 천지를 창조하셨다고 분명히 말씀합니다. 하나님의 주권과 성령 하나님의 능력(에너지)과 예수 그리스도의 사역으로 말미암아 이 세상이 존재하게 되었습니다.

그 동안 창조론을 신봉하는 과학자들은 하나님의 이 창조 사역을 과학적으로 증명하기 위하여 노력해 왔고 많은 성과도 있었습니다. 에너지 법칙이나 캐노피 이론, DNA분자에 대한 발견, 돌연변이에 대한 연구 등은 진화론을 반박하면서 창세기의 창조 기사가 과학적으로도 타당하다는 사실을 확증해 주고 있습니다.

하나님은 전능하십니다. 그분은 진리의 원형이십니다. 그러므로 과학이 진정한 의미에서 사실의 입증을 추구하는 것이라면 이 과학은 하나님이 창조주인 것을 더욱 확실하게 증명해 줄 것입니다.

오늘날 우리나라를 비롯한 대부분의 학교에서는 철저히 진화론만이 과학적이고 진리인 것으로 교육하고 있습니다. 그러한 이유 때문에 비기독교인뿐 아니라 기독교인 중에서도 성경이 신화이고 비과학적인 이야기라고 믿고 있는 사람들이 많습니다. 그래서 창조론을 비롯하여 성경말씀에 대해 어느 정도는 동의하는 듯 하지만 실제로 마음 속으로는 진화론이나 혹은 다른 과학적 원리라고 여기는 것들을 더 신봉하는 경향이 있습니다. 그러나 앞서 살펴본 과학자들의 글은 오히려 과학으로써 창조론을 더욱 강화시켜 주는 것을 볼 수 있습니다. 즉 진정한 의미에서의 과학은 성경을 공격할 수 없고 오히려 성경의 진리와 함께 나갈 수 있다는 사실을 밝혀 줍니다.

그러므로 성경을 믿는 많은 기독 과학자들은 하나님의 말씀이 진리임을 밝히는 일을 위해서 전력투구할 의무와 특권을 가지고 있다고 여겨집니다. 그리고 우리는 그들이 만들어낸 좋은 자료들을 활용해서 이 시대의 악한 사조와 싸워야 할 위대한 특권이 있다고 믿습니다.

사람을 지으심

1. 창세기 2장에 등장하는 하나님의 이름은 무엇입니까? (4절부터)

주) 여호와 엘로힘은 스스로 계신 하나님, 영원하신 하나님, 신실하신 하나님, 생명의 하나님이라는 뜻입니다. 창조주일 뿐만 아니라 특히 인간과 관계를 맺는 하나님으로 나타나고 있습니다.

2. 창세기 2장은 "사람의 창조"에 대해 1장보다 더 자세히 보여 주고 있습니다. (7절)

① 무엇으로 사람을 지으셨습니까?

주) 지으시다: (히) 야짜르, form

② 코에 불어넣은 것은 무엇입니까?

주) 생기: (히) 하이, breath of life

③ 사람이 "생령"이 되었다는 것은 무슨 뜻입니까?

주) 생령: (히) 네페쉬, a living being, a living soul(spirit)

에덴동산을 주심

하나님께서 사람을 지으시고 어디에서 살게 하셨습니까? 사람을 위하여 예비해 주신 곳은 어디입니까? (8,15절)

1. 위치는? (10-14절)

2. 사명은? (15절)

3. 계명은? (16-17절)

결혼제도를 주심

1. 하나님께서 여자를 창조하신 목적은 무엇입니까? (20절)

2. 여자를 어떻게 만드셨습니까? (21-22절)

3. 아담의 고백은 무엇입니까? (23절)

4. 결혼의 원리는 무엇입니까? (24-25절)

5. 여러분의 배우자를 향하여 표현할 수 있는 최선의 애정 고백을 여러분 자신의 말로 기록해 보십시오.

안식일을 주심 (2:1-3)

1. 안식일에 꼭 기억하고 감사해야 할 일은 무엇입니까? (2절)

〈참고〉 ① 출 20:8-11

② 요 20장

2. 하나님께서 안식일에 우리를 위하여 하신 일은 무엇입니까? (3절)

3. 하나님께서 왜 안식일을 제정하셨습니까? (3절)

4. 여러분은 안식일을 어떻게 보내고 있습니까?

5. 하나님께서는 우리 인생의 행복을 위해 에덴동산을 만드시고 결혼과 안식일을 제도적으로 창설하셨습니다. 우리는 하나님의 피조물로서 하나님의 말씀과 계명 안에서(창 2:16-17) 그분을 경배하며 순종함이 마땅합니다. 여러분은 하나님이 주신 행복의 제도들을 충분히 향유하고 있습니까? ① 말씀에의 순종 ② 결혼의 축복 ③ 안식일의 휴식 면에서 구체적으로 살펴보십시오.

메 · 시 · 지

창세기 2장에서 보여 주는 확실한 원리가 있습니다. 그것은 하나님께서 우주 만물을 창조하실 때 인간을 '위해' 창조하셨다는 것입니다. 인간이 행복하기를 바라신 것입니다. 안식일을 만드신 이유도 바로 이것 때문입니다. 인간이 죽도록 일만 하다가 세상을 떠나는 일이 없도록 "얘들아 하루는 푹 쉬어라. 하루는 나와 교제하자. 그것이 네 인생의 행복이니라"고 하시면서 안식일을 만드신 것입니다. 그러므로 이 날은 휴식을 취하면서 천지만물을 창조하신 하나님 또한 나를 창조하신 하나님을 기억하면서 감사와 찬양을 드리는 날입니다. 그리고 우리 죄를 위해서 십자가에서 죽으시고 삼일만에 다시 살아나신 우리 주 예수 그리스도를 기억하면서 감사하는 날입니다. 그러므로 우리는 안식일마다 하나님의 사랑과 예수 그리스도의 은혜 안에서 참 평안을 누려야 합니다.

하나님께서는 또한 인간이 전 생애를 통하여 가장 값진 것을 공유할 수 있도록 하와를 창조하셨습니다. 우리가 천국에서 하나님과 교제할 수 있는 놀라운 모형을 이루도록 도와 주셨습니다. 하나님은 인간이 살 수 있는 가장 행복한 공간, 도성, 저택인 에덴 동산도 주셨습니다. 이 동산은 정원이 엄청나게 컸을 것입니다. 그곳에는 우리가 보고, 누리고, 먹을 수 있는 모든 것들이 다 있었습니다. 누구를 위한 것입니까? 바로 인간을 위한 것입니다. 우리는 여기서 하나님이 인간들을 얼마나 사랑하시는가를 알 수 있게 됩니다. 그분은 사랑이십니다. 그분은 모든 것을 다하여 우리를 사랑하셨습니다. 2장의 어느 곳에도 사랑이라는 단어가 등장하지는 않지만 한 절 한 절에 숨어 있는 진정한 의미는 인간들을 향한 하나님의 사랑의 고백입니다.

이러한 사랑에 대하여 우리도 하나님께 대한 사랑을 고백할 수 있어야 할 것입니다. "주님 제가 주님을 사랑합니다. 주님을 위해 살기를 원합니다. 주님을 위해서 인생을 드립니다. 주님을 위해서 죽도록 충성하기를 원합니다."

제4과 인간의 타락

찬송 : 197장
이 세상 험하고 나 비록 약하나 늘 기도 힘쓰면 큰 권능 얻겠네
주의 은혜로 대속하여서 피와 같이 붉은 죄 눈같이 희겠네
본문 : 창세기 3:1-6
요절 : 창세기 3:6
"여자가 그 나무를 본즉 먹음직도 하고 보암직도 하고 지혜롭게 할 만큼 탐스럽기도 한 나무인지라 여자가 그 실과를 따먹고 자기와 함께 한 남편에게도 주매 그도 먹은지라"

서 론

그리피스 토마스 (Griffith Thomas) 박사는 창세기 3장을 가리켜 '성경의 축(軸)'이라고 불렀습니다. 창세기 3장을 기점으로 하여 인간의 모든 역사와 피조물의 운명이 바뀌었기 때문입니다.

창세기 1장과 2장에서는 인간의 무죄성과 만물의 완전성 그리고 하나님과 인간 사이의 교제를 볼 수 있습니다. 그러나 창세기 4장부터 11장까지에는 질투, 분노, 살인, 거짓, 악과 타락, 배신과 심판 등이 나타납니다.

그렇다면 이 모든 것이 어디에서 왔습니까? 과연 어디에서부터 인간의 죄가 시작되었습니까?

창세기 3장에 그 답이 있습니다. 우리는 이 과에서 인간에게 어떻게 죄가 시작되었는지 볼 것입니다. 또한 인간이 타락하는 과정에서 사단이 어떻게 유혹을 해 왔는지 그 전술을 볼 것입니다. 그리고 마지막으로 오늘날 우리의 삶 속에 유혹의 손길을 뻗쳐 오는 사단을 어떻게 대항해야 하는지 그 비결을 배우게 될 것입니다.

뱀의 유혹

1. 뱀은 어떤 자입니까? (1절)

주) "간교"란 히브리어로 '아룸'인데 이것은 두 가지 의미가 있습니다. 빈틈 없음, 예민함, 지혜로움, 영리함이라는 뜻과 간악함, 간사함, 교활함이라는 뜻이 있습니다.

① 뱀은 하나님께서 지으신 다른 모든 것과 같이 선한 것임에 틀림이 없다. (델리취)

② 저주받기 전의 뱀은 인간과 의사 소통을 할 수 있었고 인간의 눈길을 끌만큼 아름다웠다. (루터)

2. 이 뱀을 이용하여 여자에게 접근한 자는 실제로 누구입니까? (계 12:9, 20:2)

사단의 전술

1. 뱀은 여자에게 접근하여 맨 먼저 무슨 말을 했습니까? (1절)

① 여기서 알 수 있는 사단의 전술은 무엇입니까? (참고. 창 2:16-17)

② 이에 대한 하와의 반응은 어떠했습니까? (2-3절)

③ 하와는 하나님의 말씀을 정확하게 알고 있었습니까? 하와의 약점은 무엇입니까?

2. 뱀은 하와에게 결정적으로 어떤 거짓말을 합니까? 사단의 전술은 무엇입니까? (4절)

① 여러분은 하나님의 명령을 정확하게 알고 또 확신하고 있습니까?

② 사단이 여러분의 마음에 의심을 던진 적은 없습니까? 하나님께서 성경에 분명히 말씀하고 계신 진리를 의심하게 만들고 부분적으로 왜곡하게 만들고 마침내 그 말씀을 전면적으로 부정하고 외면하도록 여러분을 유혹한 적은 없습니까?

3. 그 다음에 뱀은 하와에게 좀더 직접적으로 유혹을 해 왔습니다. 그의 전술을 말해 보십시오.(5절)

4. 사단이 여러분에게 교만한 마음이 생기도록 부추기고 하나님의 사랑과 인자하심을 믿지 못하도록 이끌어서 죄에 빠진 적은 없습니까?

타락의 3단계

1. 사단이 하와에게 집요하게 유혹을 해 왔을 때 하와는 마침내 어떻게 반응합니까? (6절)

〈 보았고 〉→〈 〉→〈 따먹고 〉

2. 하와가 죄를 지었다는 것은 결국 무엇을 의미합니까? (창 3:6; 창 2:16-17)

3. 여러분은 사단의 유혹에 의해서 뭔가에 관심이 집중되고 탐욕이 생기고 그러다가 마침내 하나님의 계명을 어겨서 죄에 빠졌던 적은 없습니까?

4. 아담의 죄는 무엇입니까? (창 3:6; 롬 5:19)

유혹을 극복하는 비결

이 과를 통해 여러분이 현재 직면하고 있는 유혹이 무엇인지를 점검하고 그것을 극복하는 데 도움이 되는 교훈을 한 두 가지씩 아래에 써 보십시오.

메 · 시 · 지

우리는 오늘날 극심한 경쟁사회 속에서 살고 있습니다. 어디를 보아도 경쟁이 없는 곳은 없습니다. 이 전쟁터와 같은 사회에서 우리는 또 하나의 전쟁을 치르고 있습니다. 바로 영적 전쟁, 곧 사단과의 전쟁입니다.

우리가 사단에게 속지 않으려면 어떻게 해야 합니까? 사단의 유혹을 이기고 죄에 빠지지 않으려면 어떻게 해야 합니까?

첫째로, 하나님의 말씀을 정확하게 알고 또 그 말씀을 굳게 붙잡아야 합니다(1-4절). 사단이 하와에게 접근하여 처음으로 사용했던 작전은 하나님의 말씀을 의심하게 만드는 것이었습니다. 그리고 말씀을 약간 변형시켜서 하와를 속였으며 마침내 하나님의 말씀을 완전히 부정하는 단계로 나아갔습니다. 이에 대하여 하와는 어떤 반응을 나타냈습니까? 하와는 하나님의 말씀을 정확하게 알지 못했기 때문에 하나님의 말씀에 자기 생각을 첨가시키는 실수를 저질렀고 나아가 절대적인 하나님의 경고를 상대화시키고 약화시켜버렸습니다. 사단은 오늘날 우리를 유혹할 때에도 이와 똑같은 방법을 사용합니다. 우리로 하여금 하나님의 말씀을 의심하게 만들고, 말씀에 우리 생각을 첨삭시켜서 그 말씀을 약화시키게 합니다. 그러다가 결국 하나님의 말씀을 완전히 부인하고 버리고 거역하도록 만듭니다. 그러므로 우리는 사단의 속임수에 귀를 기울이지 말고 성경에서 보여 주시는 말씀을 정확하게 알고 또한 붙잡아야 합니다.

둘째로, 교만에 빠지지 말아야 합니다(5절). 사단이 하와를 유혹했던 두번째 전략은 교만한 마음을 불어넣는 것이었습니다. 하와는 "하나님과 같이 되리라"는 사단의 속임수에 넘어갔습니다. 교만은 사단의 속성이며 사단이 불어넣는 마음입니다. 하나님은 교만한 자를 물리치시며(벧전 5:5), 교만한 자는 넘어지게 됩니다(잠 16:18). 그러므로 우리는 전능하신 하나님의 손 아래서 겸손하게 순복해야 할 뿐입니다.

셋째로, 항상 하나님의 사랑을 믿어야 합니다(5절). 사단은 하와에게 다가가서 하나님의 인자하신 성품을 잊어버리도록 유혹했습니다. 마치 하나님은 인간을 질투하시고 또 인간이 행복해지는 것을 싫어하시는 분인 것처럼 여기도록 속였습니다. 우리는 하나님의 선하심을 잊어서는 안됩니다. 창세기 1장과 2장에서 보여 주신 하나님의 사랑을 항상 기억해야 합니다. 독생자 예수 그리스도를 주시기까지 우리를 사랑하신 그 하나님을 믿고 의지할 때 사단의 유혹을 이길 수 있습니다.

마지막으로 사단이 지시하는 그 어떤 대상을 향하여 우리의 관심을 집중시키지 말아야 합니다(6절). 사단은 하와로 하여금 선악과를 따먹도록 유혹하기 위하여 갖은 노력을 다했고 마침내 하와는 그 유혹에 이끌려 선악과를 다시 바라보았습니다. 선악과에 온통 관심을 갖고 주목하고, 마음을 집중하여 그 과실을 보고 또 보았습니다. 그러자 하와의 마음 속에 그 과실을 취하고 싶은 욕심이 생겼습니다. 그러다가 마침내 그것을 따먹었습니다. 이처럼 보는 것, 주목하는 것은 위험합니다. 아간은 시날산의 외투와 금과 은을 보았기 때문에 탐심이 생겨서 취했습니다. 다윗도 밧세바를 보았기 때문에 정욕이 일어나서 취했습니다. 유혹과 죄는 다릅니다. 시험의 단계와 죄의 단계는 차이가 있습니다. 사단이 우리를 유혹한다해도 우리가 사단이 지시하는 대상에 주목하지 않는다면 그 시험(유혹)은 죄로 발전되지 않게 됩니다. 그러므로 사단이 유혹해 올 때 거기에 마음을 빼앗기거나 관심을 집중시키지 말고, 단호히 거부하십시오. 무엇보다도 먼저 하나님의 명령을 기억하고 그 명령을 확신있게 붙잡고 겸손하게 주님의 도우심을 구하십시오. 그리고 계속적으로 순종하며 나아가십시오. 그러면 사단의 유혹이 떠나게 될 것입니다.

제5과 타락의 결과

찬송 : 331장
나 주를 멀리 떠났다 이제 옵니다 나 죄의 길에 시달려 주여 옵니다
나 이제 왔으니 내 집을 찾아 주여 나를 받으사 맞아주소서
본문 : 창세기 3:7-24
요절 : 창세기 3:19
"네가 얼굴에 땀이 흘러야 식물을 먹고 필경은 흙으로 돌아가리니 그 속에서 네가 취함을 입었음이라 너는 흙이니 흙으로 돌아갈 것이니라 하시니라"

서 론

죄의 결과는 무엇입니까? 죄는 인간에게 무엇을 가져다 주었습니까? 필페이는 죄의식은 언제나 사람을 겁쟁이로 만든다고 했고, J. C. 데이 경은 죄 때문에 사람들이 도피하게 된다고 했습니다. 다윗도 죄는 뼈가 쇠하고 뼈 속에 있는 진액이 마르는 고통을 가져다 준다고 했습니다(시 32:3-4).

성경은 분명히 말씀하고 있습니다. 죄의 결과는 반드시 고난과 죽음이라고 … (시 107:17; 롬 6:23). 이 과에서는 범죄한 인간에게 나타난 죄의 모든 결과들을 보게 될 것입니다. 그리고 아울러 이 범죄한 인간을 다루시는 하나님의 사랑의 손길도 보게 될 것입니다. 절망에 다다른 인간에게, 죽음의 절벽 위에 서 있는 인간에게 하나님께서 보여 주신 출구는 무엇입니까?

죄의 증상들

1. 아담과 하와가 범죄한 후 즉각적으로 보인 반응은 무엇입니까? (7절)

2. 하나님에 대한 그들의 태도가 어떻게 달라졌습니까? (8,10절) 이 사실은 2:17과 어떻게 연관이 됩니까?

3. 그들은 또 서로에게 어떻게 반응했습니까? (12-13절)

4. 죄를 지은 후 여러분은 즉각적으로 어떻게 반응합니까? 죄를 덮을 방법을 찾습니까? 하나님을 피하여 숨어 버립니까? 다른 사람에게 책임을 전가시킵니까?

죄에 대한 형벌

1. 하나님께서 뱀에게 내린 벌은 무엇입니까? (14-15절)

2. 여자에게 내린 벌은 무엇입니까? (16절)

주) 사모하다: (히) 테슈카 - 동경하다, 갈망하다.
"어떤 물건을 열렬하게 갈망하다"에서 유래됨
성적인 관계를 열망하는 것(아 7:10)

3. 남자에게 내린 벌은 무엇입니까? (17-19절)

4. 범죄한 후 땅은 어떻게 변했습니까? (17-18절) 육축과 들의 모든 짐승은 어떻게 되었습니까? (14절)

5. 하나님께서 왜 인간을 에덴 동산에서 쫓아내셨습니까? 그들은 어떻게 되었습니까? (22-24절)

6. 아담의 범죄는 모든 인간들에게 어떤 결과를 가져다주었습니까? (롬 5:12)

7. 여러분은 그리스도를 믿기 전에 자신이 죄인이었고 또 영적으로 죽은 자였다는 사실을 인정합니까?

죄인을 위한 대책

1. 아담이 범죄한 후에 하나님께서는 아담과 하와를 어떻게 다루셨습니까?

   ① 9절-

   ② 11절-

   ③ 13절-

2. 하나님께서 왜 아담과 하와에게 이런 질문들을 하셨을까요?

3. 하나님께서는 오늘도 우리가 범죄하면 성령으로 우리 가운데 찾아 오셔서 말씀을 통하여 죄를 깨닫게 해 주시고, 죄를 고백하고 회개할 것을 촉구하십니다. 여러분은 성령님의 이와 같은 인도하심에 민감합니까?

4. 하나님께서는 범죄한 인간에게 벌을 내리시기 전에 먼저 죄에 대한 영원한 해결책인 복음을 약속해 주셨습니다. 이것을 '원시복음'이라고 합니다(15절). 여기서

'여자의 후손' (The Seed of the woman) 은 누구를 뜻합니까? (계 12:5)

5. 하나님께서 아담과 하와를 위해 만들어 주신 것은 무엇입니까? (21절) 이것은 무화과 나뭇잎으로 만든 치마(7절)와 어떻게 대조를 이룹니까?

6. 하나님께서 우리를 위하여 마련해 주신 영원한 가죽옷은 무엇입니까? (갈 3:27) 여러분은 이 가죽옷을 입고 있습니까? (계 3:20, 요 1:12)

메 · 시 · 지

죄는 인간에게 수치심과 두려움, 불안과 공포를 가져다 주었습니다. 죄는 인간과 하나님의 관계를 깨뜨렸고 하나님에게서 인간을 분리시켰습니다. 뿐만 아니라 인간과 인간 사이의 갈등을 야기시키기도 했습니다. 죄의 결과는 절망이고 암흑이고 죽음입니다.

인류의 역사를 결정짓는 이 죄의 사건은 사단이 연약한 하와를 유혹함으로 발생했습니다. 그들이 범죄한 후 하나님과의 관계가 파괴되었고 아담과 하와 사이의 연합이 파괴되었으며 도피 심리와 공포 의식, 수치심과 범죄 심리가 나타났습니다. 또한 하나님의 엄중한 심판을 받아 "정녕 죽으리라"고 하신 말씀대로 죽음이라는 결말을 맞이하게 되었습니다. 이것은 저주입니다.

그러나 하나님께서는 이 범죄와 고통과 죽음의 현장을 외면하지 않으셨습니다. 이 속에 한 줄기 소망의 빛을 선포하십니다. 하나님은 가죽옷을 지어 입히심으로써 사랑을 표현해 주셨습니다. 저들은 하나님을 피하여 숨었지만 하나님은 아담을 찾아가셨습니다. 도피한 그를 향하여 "아담아 네가 어디 있느냐?"라고 부르셨습니다. 하나님은 어떤 분이십니까? 우리가 범죄할 때에도 우리를 찾으시는 사랑의 하나님이십니다.

요나는 하나님의 명령이 싫어서 다시스행 배를 타고 도망쳤습니다. 그러나 하나님께서는 폭풍을 통해서 그를 찾아가셨습니다. 그가 바다 속에 던져졌을 때 하나님은 그를 물고기 뱃속으로 인도해 주십니다. 그가 그곳에서 연단을 받고 회개했을 때 하나님은 그를 육지로 내보내셨습니다. 그리고 다시 니느웨로 보내서 하나님의 말씀을 외치도록 만드셨습니다. 인간은 하나님을 멀리하고, 사명을 회피하고, 범죄하고, 정로(正路)를 벗어나서 악한 길로 갔지만, 사랑의 하나님은 그를 추적하고, 폭풍 속에서 그를 다시 조명하고, 물고기를 예비하여 생명을 보전하고, 회개할 수 있는 길을 열어 주시고, 다시 사명의 길을 걷도록 인도하셨습니다. 때가 차매 그 하나님께서 가장 중요한 구속의 길을 여셨습니다. "여자의 후손이 네 머리를 상하게 할 것이라". 그 약속은 성취되었습니다. 여자의 후손인 예수 그리스도께서 이 땅에 오사 우리를 위하여 고난받으시고, 십자가에 피흘려 죽으심으로써 우리를 괴롭히고, 죽이려고 했던, 사단의 머리를 파하셨습니다. 그리하여 우리를 구원하시고 영생의 길을 열어 주셨습니다.

그러므로 우리는 예수 그리스도의 보배로운 피로 말미암아 죄사함을 받고 하나님과의 관계를 회복할 수 있게 되었습니다. 믿음으로 예수 그리스도를 영접하는 사람은 누구나 그리스도의 피로 말미암아 그 죄가 덮어지고 모든 수치가 가리워집니다. 여러분은 이 예수 그리스도로 새롭게 옷 입으셨습니까? 여러분의 죄와 수치와 두려움이 예수 그리스도로 말미암아 덮어지고 가리워졌습니까?

제6과 가인의 살인

찬송 : 338장
천부여 의지 없어서 손 들고 옵니다 주 나를 박대하시면
나 어디 가리까 내 죄를 씻기 위하여 피 흘려주시니
곧 회개하는 맘으로 주 앞에 옵니다
본문 : 창세기 4:1-26
요절 : 창세기 4:8
"가인이 그 아우 아벨에게 고하니라 그 후 그들이 들에 있을 때에
가인이 그 아우 아벨을 쳐죽이니라"

서론

타락한 인간은 어떤 인생을 살게 됩니까?

인간은 타락 이후에도 여전히 하나님과 사귐을 갖고, 땅을 정복하고, 모든 생물들을 다스리며, 기쁨으로 일을 하며, 동산의 모든 실과를 마음껏 먹으며 행복한 결혼 생활을 지속할 수 있었습니까?

죄를 지은 후 그들은 하나님의 낯을 피하여 숨었고 서로에게 죄에 대한 책임을 전가시켰으며, 땅은 저주를 받아 가시덤불과 엉겅퀴를 내고 인간은 수고하고 땀을 흘려야만 겨우 생존할 수 있게 되었습니다. 아담이 범죄한 이후에 온 세상은 악한 자에게 사로잡혀 있으며 사람들은 모두 죄와 사망의 권세 아래 처해 있습니다.

아담과 하와가 뿌려놓은 죄의 씨앗은 그 후손들에게 와서 열매를 맺게 됩니다. 창세기 4장에서 아담의 아들이 인류 역사상 최초의 살인을 하는 장면을 목격하게 됩니다. 그는 왜 살인을 했습니까? 그의 문제는 무엇입니까? 왜 그는 하나님께 버림을 받았습니까?

하나님과의 관계 설정

1. 아벨은 누구입니까? 그의 직업은 무엇입니까? 그는 어떻게 하나님께 제사를 드렸습니까? (2, 4절)

2. 아벨에 대한 하나님의 반응은 어떠했습니까? (4절)

3. 하나님께서 왜 아벨과 그 제물을 열납하셨습니까?

① 히 11:4

② 요일 3:12

③ 출 13:12, 레 27:26

4. 가인은 누구입니까? 그의 직업은 무엇입니까? 그는 어떻게 하나님께 제사를 드렸습니까? (1-3절)

5. 하나님께서 왜 가인과 그 제물은 열납하지 않으셨습니까?

① 히 11:4

② 출 23:19, 잠 3:9

③ 요일 3:12 (창 4:7)

6. 하나님께서 받으시는 제사나 예배는 어떠해야 하는지 정리해 보십시오.

7. 하나님께서 가인과 그 제사를 거부하셨을 때 가인은 어떤 반응을 보였습니까? (5절)

8. 하나님께서 기도에 응답치 않으시고, 많은 봉사나 충성에도 불구하고 여러분이 원하는 복을 허락하지 않으실 때 과연 여러분은 하나님께 어떤 반응을 보입니까? 경험들을 나누어 보십시오.

9. 가인과 아벨, 두 사람의 본성은 어떠했습니까? 차이가 있습니까? (롬 5:12-19)

가인을 다루시는 하나님 / 기회를 잃어버리는 가인

1. 하나님께서는 분노한 가인에게 찾아 오셨고 가인이 죄를 짓지 않도록 기회를 주십니다. 7절 말씀을 해석해 보십시오.

① 약속

② 경고

③ 명령

2. 가인은 이 경고의 말씀을 귀담아 들었습니까? 결국 가인은 어떤 죄를 저지르게 됩니까? (8절)

3. 죄에 대한 강한 욕망이 솟아날 때 여러분은 그것을 어떻게 극복하고 다스립니까?

4. 하나님은 범죄한 가인에게 어떻게 하셨습니까? 가인에게는 회개할 기회가 있었습니까? 가인은 자기의 죄를 어떻게 다루고 있습니까? (9절)

5. 살인죄는 숨길 수 있습니까? 10절을 해석해 보십시오.

주) ① 무죄한 자의 피는 하나님께 상달하는 소리를 가지고 있다. (델리취)
② 살인은 하늘을 향해 부르짖는 죄들 중의 하나이다. (칼빈)

6. 가인에게 내려진 벌은 무엇입니까? (12절)

7. 가인은 끝까지 회개하지 않았습니다. 그는 하나님께 뭐라고 항의합니까? (13-14절)

8. 하나님께서는 죄에 대하여 심판하시면서도 은혜를 베푸십니다. 하나님의 자비하심을 말해 보십시오. (15절)

9. 가인의 가장 큰 비극은 무엇입니까? (16절)

10. 하나님께서 여러분의 죄를 깨닫게 하실 때 여러분은 어떻게 반응합니까? 자백하고 회개합니까? 아니면 끝까지 숨기고 항의합니까? (요일 1:9; 히 10:19)

가인의 후손

1. 16절부터 24절까지는 가인의 후손들이 소개되고 있습니다. 여기서 배울 수 있는 교훈은 무엇입니까?

① 17절:

② 19절, 23-24절:

③ 20절:

④ 21절:

⑤ 22절:

2. 하나님께서 아담에게 아벨 대신에 새로 주신 아들은 누구입니까? (25절) 그가 태어난 의미는 무엇입니까? (26절)

3. 가인의 후손들과 셋의 후손들은 근본적으로 어떻게 다릅니까?

4. 여러분의 현재의 삶이 여러분의 후손들에게 미칠 영향을 고려할 때, 여러분은 어떤 삶을 살아야 할까요? 여러분의 삶에서 반드시 개선해야 할 사항을 3가지 기록하고 주님께서 고쳐주시도록 간절히 기도하십시오.

메 · 시 · 지

창세기 4장에는 두 종류의 인생이 등장합니다. 하나님께 인정받은 인생과 버림받은 인생입니다. 가인과 아벨, 그 사람은 본래 타고난 성정(性情)이 같은 사람이었습니다. 한 부모 밑에서 태어났고 비슷한 환경에서 자라났습니다. 그런데 왜 가인은 하나님께 버림을 받고 아벨은 인정을 받게 되었습니까?

첫째로, 삶의 스타일(Life Style) 때문입니다. 가인과 아벨의 문제는 제물의 종류 때문이 아니라 그들 자신 때문에 생겨났습니다. 하나님께서는 아벨의 제물을 받기 전에 먼저 아벨 자신을 받으셨습니다(4절). 반면에 가인의 제물을 받지 않으신 것은 먼저 가인 자신을 받지 않으셨기 때문입니다(5절). 그 이유는 무엇입니까? 가인은 악한 자에게 속하여 그의 행위, 즉 그의 삶의 스타일이 하나님 보시기에 악했기 때문입니다(요일 3:12). 그의 삶은 하나님을 따른 삶이 아니라 자기 멋대로 사는 삶이었습니다(유 11절). 우리가 일주일에 몇 번씩 하나님께 나아와 예배를 드리고 또 예물을 드린다 해도 자기의 뜻대로 살고 선을 추구하는 인생을 살지 않으면 하나님께서는 우리를 받아들이지 않으십니다(창 4:7).

둘째로, 믿음의 문제입니다. 히브리서 기자는 "믿음으로 아벨은 가인보다 더 나은 제사를 하나님께 드림으로 의로운 자라 하시는 증거를 얻었으니 … 하나님이 그 예물에 대하여 증거하심이라"(히 11:4)고 했습니다. 여기서 분명히 알 수 있는 사실은 아벨은 제사를 드릴 때, 믿음으로 드렸고 가인은 그렇지 못했다는 것입니다. 우리는 하나님께 어떻게 나아갑니까? 범죄한 인간이 어떻게 하나님께 나아갑니까? 오직 믿음으로만 나아갈 수 있습니다. 하나님께서 살아 계신다는 것, 나는 비록 허물과 죄가 있고 부족하지만 하나님께 나아가면 상 주신다는 사실을 믿는 믿음으로 나아갈 수 있습니다(히 11:6). 또한 예수 그리스도의 보배로운 피가 내 모든 죄를 덮어 주시고, 예수님만이 하나님께 이르는 유일한 길이요, 진리요, 생명이라는 사실을 믿는 믿음으로 나아갈 수 있습니다.

셋째로, 우선순위의 문제입니다. 창세기 4:4에 보면 아벨은 양의 첫 새끼와 그 기름으로 하나님께 드렸습니다. 가장 향기로운 제물을 최선을 다해서 드린 것입니다. 그러나 가인은 단지 땅의 소산으로 하나님께 드렸을 뿐입니다. 그의 제물에는 하나님을 최우선으로 여기는 모습이 보이지 않습니다. 첫 새끼, 첫 열매로 하나님을 섬기는 일은 하나님의 방법입니다. 이것은 사람이 제사를 드리는 대상, 예배와 경배를 드리는 대상이신 하나님을 가장 소중히 여기고 가장 사랑한다는 증거입니다. 여러분은 예배를 드릴 때마다 최선을 다해서, 마음을 다하고 성품을 다하고 뜻을 다하여 하나님을 경배하십니까?

마지막으로 회개의 문제입니다. 가인이 하나님께 버림을 받았던 궁극적인 이유는 그가 끝까지 회개하지 않았기 때문입니다. 하나님께서는 분노한 가인에게 먼저 찾아 오셔서 문제를 자각하도록 도우셨고(6절) 죄에 빠지지 않도록 경고해주셨습니다(7절). 그럼에도 불구하고 가인이 범죄했을 때, 하나님은 "네 아우 아벨이 어디 있느냐?"고 물으셨습니다. 가인이 스스로 모든 것을 털어놓고 자복하고 회개하기를 기다리신 것입니다. 그러나 가인은 끝까지 자기 죄를 고백하지 않았습니다. 그는 오히려 죄를 숨겼고 하나님께 항의했습니다(9,13절). 그는 결국 하나님 앞을 떠났고(16절), 완전히 자기 방식대로 살았습니다. 그는 평소에 하나님의 뜻을 구하고 하나님의 방법을 찾고 하나님을 기쁘시게 하는 인생을 살기 위해서 애쓰지 않았습니다. 하나님과 그분의 말씀에 관심이 없었습니다. 믿음으로 살지 않았습니다. 더구나 죄를 회개할 수 있는 기회가 있었는데도 끝까지 회개하지 않았습니다. 이것이야말로 가인의 가장 큰 죄였습니다. 혹시 여러분도 지금 가인처럼 회개할 기회를 놓치고 있지는 않습니까?

제7과 홍수심판의 준비

찬송 : 318장
예수가 우리를 부르는 소리 그 음성 부드러워 문 앞에 나와서
사면을 보며 우리를 기다리네 오라 오라 방황치 말고 오라
죄 있는 자들아 이리로 오라 주 예수 앞에 오라

본문 : 창세기 5:1-6:22

요절 : 창세기 5:24; 6:9
"에녹이 하나님과 동행하더니 하나님이 그를 데려가시므로
세상에 있지 아니하였더라" (5:24)
"노아의 사적은 이러하니라 노아는 의인이요 당세에 완전한 자라
그가 하나님과 동행하였으며" (6:9)

서 론

세상은 온통 죄악으로 가득차 있습니다. 불의가 성행하고 악인이 극성을 부립니다. 의로운 자는 설 곳이 없는 것처럼 보입니다. 도대체 하나님의 공의는 어디에 있는 것입니까? 아무런 관심도 없이 그저 내버려 두시는 건 아닙니까? 결코 그렇지 않습니다. 하나님께서는 항상 하나님을 섬기는 백성들을 남겨 두십니다. 하나님의 이름을 부르며 하나님을 가까이 하는 자들을 보존하고 계십니다. 그리고 각 시대마다 경건한 사람들을 들어 하나님의 심판을 경고하게 하십니다. 그러다가 마침내 때가 되면 세상을 심판하십니다. 불의한 자들, 악행하는 자들은 멸하시고 경건한 사람들은 구원하십니다. 창세기 5장과 6장에서 이러한 하나님을 발견할 수 있습니다.

셋의 후손들

1. 창세기 5장에서 가장 많이 반복되는 중심어구는 무엇입니까?

2. 이 중심어구를 통하여 우리가 배울 수 있는 교훈은 무엇입니까? (참고. 창 2:17; 고전 15:22)

3. 셋의 후손들 중에서 가장 빛나는 두 사람을 말해 보십시오. (5:24, 29)

4. 이 두 사람은 죽음의 문제를 어떻게 극복했습니까?

하나님과 동행한 에녹

1. 에녹은 누구입니까? (창 5:18; 유 1:14)

2. 에녹의 인생에 전환기를 가져온 사건은 무엇입니까? (창 5:22)

주) 므두셀라는 히브리어로 메투세라흐인데 "창(槍) 던지는 사람"으로서 "그가 죽으면 심판이 오리라"는 뜻으로 사용되었습니다.

3. 에녹 시대의 사람들은 어떻게 살아가고 있었습니까? (유 1:14-16)

4. 에녹은 이 사람들에게 무슨 사건을 예언하였습니까? (유 1:14-15)

5. 에녹은 결국 어떻게 되었습니까? (창 5:24)

6. 히브리서 기자는 에녹의 삶을 어떻게 소개하고 있습니까? (히 11:5-6)

7. 하나님과 동행하는 삶이란 어떻게 사는 것을 말합니까? 에녹의 삶을 통해서 여러분이 배운 바를 말해보고 여러분의 삶과 비교해 보십시오.

하나님께 순종한 노아(6장)

1. 노아 시대의 상황을 말해 보십시오. (1-13절)

2. 당시 사람들의 결혼 기준은 무엇입니까? 여러분의 기준은 어떻습니까? (2절)

주) 하나님의 아들들은 히브리어로 '베네 엘로힘' 인데 ① 천사설 ② 셋의 후손(경건한 사람들)설 ③ 지도자설 등이 있습니다.

3. 노아시대 사람들을 향한 하나님의 반응은 어떠했습니까? (6-7절)

4. 예수 그리스도께서는 당대에 노아 시대의 상황을 들어 어떻게 경고하셨습니까? 지금 우리가 살고 있는 이 시대는 어떻습니까? (마 24:37-39)

5. 이런 시대에 하나님이 노아를 부르셨습니다. 노아는 어떤 사람이었습니까? (8-9절)

6. 하나님께서 노아에게 선언하신 것은 무엇입니까? (13, 17절)

7. 하나님께서는 노아에게 무엇을 준비하라고 명령하셨습니까? (14절)

8. 하나님께서 노아와 그 가족들에게 주신 언약은 무엇입니까? (18-20절)

9. 노아는 하나님께 어떻게 응답했습니까? (22절)

10. 노아는 방주를 예비하는 동안에 어떤 인생을 살았습니까? (벧후 2:5; 히 11:7)

11. 노아가 그 당시 사람들에게 다가올 심판에 대하여 경고했을 때 사람들은 이것에 귀를 기울였습니까? (벧전 3:20)

12. 노아의 삶을 통해서 여러분이 도전받은 것은 무엇입니까? 여러분은 앞으로 다가올 하나님의 심판을 믿으십니까? 여러분은 어떤 인생을 살고 있습니까? (벧후 3:11-13; 딤후 4:1-3)

메 · 시 · 지

하나님께서는 왜 사람들을 심판하십니까? 심판의 날은 어떻게 다가오고 있습니까? 누가 하나님의 심판에서 구원을 받을 수 있습니까?

첫째로 하나님의 심판은 인간의 죄 때문에 일어납니다. 하나님은 인간을 사랑하시고 자비와 긍휼이 풍성하시며 노하기를 더디하는 분이시지만, 인간의 죄가 온 세상에 관영할 때는 사람들을 심판하십니다. 가인의 후예들은 점점 번성하여 도시를 건설하고 문명을 발달시켰지만 그들의 죄는 더욱 깊어가기만 했습니다. 셋의 후손도 역시 하나님을 섬기는 경건한 사람들로 남아 있지 못하고 오히려 가인의 딸들과 결혼하여 그들과 연합함으로써 점점 죄악에 빠지게 되었습니다. 마침내 온 땅이 하나님 앞에 패괴하여 강포가 땅에 충만했습니다. 그래서 하나님은 이 세상을 홍수로 심판하시기로 작정하신 것입니다.

둘째로 하나님의 심판은 경고와 함께 다가옵니다. 하나님은 셋의 후손들 중에서 특별히 하나님과 동행하며 하나님의 말씀에 순종하는 의로운 사람을 택하셨습니다. 바로 에녹과 노아입니다. 그들은 불경건한 사람들 속에서 경건하게 살았고 불의를 행하는 사람들 속에서 의를 행했으며 하나님의 말씀을 멸시하는 사람들 가운데서 하나님의 말씀을 전파하며 살았습니다. 하나님께서 데려가실 때까지 에녹은 이 외로운 전투를 계속했고 노아도 온 땅에 홍수가 내리기까지 이 전투를 계속하였습니다. 세상 사람들이 먹고 마시고 장가가고 시집가고 모두들 자기 일상생활에 매여서 분주하게 살아가고 있을 때 오직 노아 가족들만 산에서 잣나무를 베어다가 방주를 지어야 했습니다. 여러분은 이 영적인 고독을 이해하시겠습니까?

우리 시대에도 하나님께서는 성경의 곳곳에서 다가올 불심판에 대해서 경고하고 계십니다(벧후 3:7). 여러분은 진정 이 사실을 믿으십니까? 이 경고에 귀를 기울이고 계십니까?

마지막으로 하나님의 심판은 경건한 자들에게는 구원으로 나타납니다. 세상이 홍수로 심판을 받았을 때 경건한 노아와 그 일곱 식구들은 구원을 받았습니다. 장차 다가올 불심판에서도 하나님을 모르는 자들과 주 예수의 복음을 복종치 않는 자들은 형벌을 받게 되지만 그리스도 안에서 경건하게 산 자들은 영광으로 구원을 얻게 될 것입니다(살후 1:8).

오늘날도 에녹이나 노아의 시대처럼 불경건하고 악한 세상입니다. 그렇다면 우리는 이 시대 가운데서 어떻게 살아가야 하겠습니까? 노아같이, 에녹같이 하나님과 동행하는 삶을 살아야 합니다. 그리고 그들처럼 하나님의 심판을 증거하는 삶을 살아야 합니다. 비록 노아 때와 같이, 우리의 증거에 귀기울이는 사람이 아무도 없을지라도 말입니다. 우리가 이 시대의 악한 정신과 타협하지 않고 생명의 말씀을 증거하는 인생을 살아왔는지 또한 앞으로도 그렇게 살아갈 것인지 스스로에게 물어보십시다. 여러분의 평생이 바울과 같은 인생, 에녹과 같은 인생, 노아와 같은 인생이 되기를 원합니다. 듣든지 아니 듣든지 복음을 전파하는 인생, 하나님과 동행하는 인생, 하나님의 말씀을 다 준행하는 인생이 되기를 간절히 바랍니다.

제8과 노아시대의 대홍수

찬송 : 439장
만세 반석 열린 곳에 내가 숨어 있으니 원수 마귀 손 못대고
환난 풍파 없도다 만세 반석 열린 곳에 내가 편히 쉬리니
나의 반석 구주 예수 나를 숨겨 주소서
본문 : 창세기 6:14-8:22
요절 : 창세기 7:7
"노아가 아들들과 아내와 자부들과 함께 홍수를 피하여 방주에 들어갔고"

서론

하나님의 심판은 아무도 막을 수가 없었습니다. 하나님은 오래 참으사 모든 사람이 멸망에 이르지 않고 다 회개하기를 원하시며 또 실제로 사람들에게 기회를 주고 기다려 주셨습니다. 그러나 사람들은 회개하지 않았습니다. 하나님의 말씀을 전파하는 사람들의 말에 귀를 기울이지 않았습니다. 결국 심판의 날이 임했습니다. 노아와 그 가족들과 그와 함께 한 생물들은 준비한 방주에 들어갔고, 마침내 방주의 문이 닫혔습니다. 구원의 문이 닫혀버렸습니다. 바다 깊은 곳에서 샘들이 터지고 하늘의 궁창에서 물이 쏟아져 내렸습니다. 홍수가 시작된 것입니다.

보십시오! 하나님의 심판이 얼마나 가혹하고 철저합니까? 또한 얼마나 공의롭습니까? 우리는 하나님의 홍수 심판을 보면서 아무도 그분의 엄위하신 뜻을 돌이킬 수 없다는 사실을 깨닫게 될 것입니다.

하나님의 지침

1. 홍수 전에 하나님께서는 노아에게 방주를 만들도록 명령하셨습니다. 방주에 대한 모든 지침들을 적어 보십시오(6:14-16). 여기서 하나님의 어떤 성품을 엿볼 수 있습니까?

주) 노아가 만든 방주는 길이 135m, 폭 22.5m, 높이 13.5m의 거대한 크기였습니다.

2. 하나님께서는 생물들에 대해서도 여러 가지 지침들을 제시하셨습니다. 하나님께서는 모든 피조물들을 어떻게 보호하고 계십니까?

① 6:19-20

② 7:2-3

3. 홍수가 진행되는 동안 그들을 위한 음식은 무엇이었습니까? (6:21)

4. 하나님께서는 홍수 직전에 노아에게 무엇을 명령하셨습니까? 또 노아를 어떻게 칭찬하셨습니까? (7:1)

5. 7장에서 자주 반복되는 중심어구를 찾아보십시오(1, 7, 9, 13, 15절). 여러분은 지금 어떤 방주 속에 들어가 있습니까?

홍수의 기간

1. 홍수는 언제 시작되었습니까? 어디에서 비가 쏟아졌습니까? (7:11)

2. 땅에 비가 얼마 동안 쏟아졌습니까? (7:12)

3. 홍수의 범위는 어디까지였습니까? (7:18-20)

4. 홍수의 결과는 무엇입니까? (7:21-23)

5. 얼마 동안이나 땅에 물이 창일하였습니까? (7:24)

6. 물이 감하기 시작한 것은 언제입니까? (8:3)

7. 방주가 아라랏 산에 머무른 때는 언제입니까? (8:4)

주) 아라랏 지역은 지금의 알메니아 고지대입니다.

8. 노아는 방주의 창을 열고 물이 감한 여부를 알고자 하여 어떤 실험을 하였습니까? (8:6-12)

9. 지면에 물이 걷힌 것은 언제입니까? (8:13)

10. 땅이 완전히 말라서 노아와 그 가족들이 방주에서 나온 것은 언제입니까? (8:14-19)

11. 결국 홍수는 몇 년 몇 일 동안이나 계속된 것입니까?

노아 가족의 구원

1. 방주에서 나온 노아가 제일 먼저 한 일은 무엇입니까? 여기서 우리는 노아로부터 어떤 교훈을 받게 됩니까? (8:20)

2. 노아의 제사에 대하여 하나님께서는 어떻게 반응하셨습니까? (8:21)

3. 하나님께서는 홍수 심판으로는 사람의 마음이 근본적으로 변화되지 않는다는 사실을 아셨습니다. 하나님은 모든 죄의 뿌리인 인간의 마음을 근본적으로 고치길 원하셨습니다. 그 방법은 무엇입니까? (고후 5:17; 롬 12:2)

4. 여러분의 마음은 그리스도 안에서 새롭게 변화되었습니까?

메 · 시 · 지

노아시대의 대홍수 심판을 통해서 어떤 사실을 배우게 됩니까? 이 심판 사건을 통하여 하나님께서 보여 주시는 진리는 무엇입니까?

첫째로 하나님의 거룩하고 공의로운 성품입니다. 하나님께서는 거룩하시기 때문에 죄를 용납치 않으시고 심판하십니다. 하나님의 백성뿐만 아니라 모든 인생과 모든 열방들을 심판하시되(시 9:19) 각 사람의 모든 행위와 은밀한 일들을 공평하고 정직하게 심판하십니다. 그러므로 모든 사람들은 하나님의 심판 앞에서 변명할 수 없으며 오직 각자가 자신의 죄에 대해서 책임을 져야 할 뿐입니다(겔 18:4,20). 하나님께서는 노아시대의 그 많던 사람들을 아껴 보지도 않으시고 긍휼도 베풀지 않으시며 남녀노소 상관없이 가혹하게 다 물로 쓸어 버리셨습니다(겔 9:4-6). 우리는 이 사건 앞에서 저절로 숨을 죽이며 하나님의 공의를 배우게 될 뿐입니다(사 26:9).

둘째로 하나님의 신실하신 성품을 보게 됩니다. 하나님은 인생이 아니시기 때문에 식언치 않으시고 인자가 아니시기 때문에 후회도 없으십니다. 반드시 하신 말씀을 이루십니다(민 23:19). 하나님께서는 에녹을 통하여, 노아를 통하여 수 백년 동안 계속적으로 심판을 경고해 오셨고 그 말씀대로 심판을 단행하셨습니다. 뿐만 아니라 노아와 그 가족들에게는 약속대로 구원을 베풀어 주셨습니다. 하나님은 반드시 그 말씀하신 것을, 그 언약하신 것을 이루시는 신실하신 분이십니다.

이제 하나님께서는 다시는 인간을 물로 심판하지 않으실 것을 약속하셨습니다. 그리고 새로운 언약을 주셨습니다. "누구든지 그리스도 안에 있으면 새로운 피조물이 된다"는 약속입니다. 누구든지 예수 그리스도를 믿고 영접하면 예수 그리스도의 피가 더러운 인간의 죄를 다 씻으시고 덮으셔서 우리의 마음을 근본적으로 새롭게 고치신다는 것입니다. 여러분은 이 약속의 말씀을 믿으십니까? 이 약속을 믿고 진정 예수 그리스도를 영접하셨습니까? 여러분의 마음은 새로워졌습니까?

마지막으로 우리는 대홍수 심판을 통하여 노아의 순종을 볼 수 있습니다. 분명히 노아에게도 하나님의 말씀을 붙잡고 나아가기가 힘든 상황이 있었을 것입니다. 그러나 그는 가족들을 설득시켰고, 그들과 함께 방주를 짓기 시작했습니다. 노아가 방주를 완성하기까지 사람들은 노아 가족들을 얼마나 조롱하고 비웃었겠습니까? 또한 노아 자신의 마음 속에는 얼마나 많은 갈등이 있었겠습니까? 그럼에도 불구하고 노아는 하나님을 믿었고 인내했고 하나님의 모든 말씀에 순종했습니다. 얼마나 눈부신 삶입니까? 얼마나 위대한 신앙입니까? 그 결과 그는 홍수에서 구원을 받았습니다. 그의 온 가족들과 그와 함께한 모든 생물들까지도 구원을 받았습니다.

이제 언젠가 우리 주 예수 그리스도께서 천사들과 함께 하늘로부터 불꽃 중에 나타나실 것입니다(살후 1:7). 그 날에 여러분은 노아처럼 구원을 받을 수 있겠습니까? 오늘날도 노아의 시대처럼 패역하고 범죄가 많고 하나님의 영광이 보이지 않는 악한 시대입니다. 그러나 예수 그리스도의 십자가의 보혈을 믿고 이 예수 그리스도의 방주 안에 들어가기만 하면 누구든지 구원을 받을 수 있는 놀라운 은혜의 시대에 살고 있습니다. 그러므로 우리는 오늘도 일터에서, 가정에서, 교회에서 이 생명의 복음을 선포하고 가르치면서 노아의 방주의 영역을 확장하고 하나님 나라를 선포하는 일에 헌신하는 삶을 살아야 할 것입니다.

제9과 홍수의 증거

찬송 : 493장
나 이제 주님의 새 생명 얻은 몸 옛 것은 지나고 새 사람이로다
그 생명 내 맘에 강같이 흐르고 그 사랑 내게서 해같이 빛난다
영생을 맛보며 주 안에 살리라 오늘도 내일도 주 함께 살리라
본문 : 창세기 7:1-24
요절 : 창세기 7:19
"물이 땅에 더욱 창일하매 천하에 높은 산이 다 덮였더니"

서 론

노아시대의 홍수사건은 실제로 일어났습니까? 홍수사건은 과연 역사적 사건(Historical Fact)입니까? 진화론을 신봉하는 자연주의자들은 지구 역사에 대홍수와 같은 세계적인 대변혁은 없었다고 주장합니다. 그러나 대홍수가 실제로 일어났던 사건임을 뒷받침해 주는 지질학적인 증거들이 많이 있습니다. 이 과에서는 노아시대의 홍수사건이 실제로 일어났던 역사적 사건임을 지지해 주는 많은 증거들을 다루고자 합니다.

자연주의자들의 주장

1. 진화론(the theory of evolution)
   ① 인간은 하등동물에서 고등동물로 점진적으로 발전한다.
   ② 생명은 간단한 것으로부터 복잡한 쪽으로 발전한다.

2. 지질학적 연대표(A geological timetable)

① 비슷한 종류의 동물들이 주로 동일한 지층에 묻혀 있다.
② 아래층으로 갈수록 하등동물이, 위층으로 갈수록 고등동물이 묻혀 있다.
③ 지구의 나이는 각 층에서 발견되는 화석의 복잡성에 의해서 결정된다.

** 문제점(비평)

a. 지층이 항상 서로 수직이나 수평을 이루지는 않습니다.
b. 지층이 항상 단순한 것에서 고등한 순서로 화석을 갖고 있지도 않습니다.

☞ 결국 위와 같은 지층 기둥은 실제로 지구상의 어디에서도 발견되지 않으며 또 지층의 배열은 지역에 따라 매우 다양하기 때문에 지질학적인 연대표는 추상적 이론이요 허구일 뿐입니다.

3. 동일과정설(the theory of uniformitarianism)

① 지구 표면은 점차적으로 변화되고 발전되어 왔다.
② 지층은 수백만 년 동안 조금씩 강바닥에 퇴적된 결과로 생겨났다.
③ 침식, 바람, 폭풍 등의 자연과정에 의해서 이루어졌다.
④ 그러므로 노아시대의 대홍수 같은 세계적인 대변혁은 없었다고 주장한다.

** 문제점(비평)

a. 완만한 퇴적작용으로는 동식물이 화석화되지 않고 오히려 부패되거나 분해되고 맙니다.
b. 오늘날 그 어디에서도 침식이나 바람, 폭풍우 등의 자연현상을 인하여 점진적으로 화석이 이루어지는 경우는 없습니다.

☞ 그러므로 동일과정 이론으로는 오늘날 발견되는 지층 구조나 화석화에 대한 설명을 할 수가 없습니다. 오히려 이에 대한 더 나은 설명은 홍수사건으로써 가능합니다.

대홍수에 대한 지질학적 증거들

1. 화석은 대홍수 사건을 뒷받침해 줍니다.
   ① 화석이란 동식물이 단단해진 것으로서 신속히 매몰되는 경우에만 화석으로 보존될 수 있습니다. 화석은 홍수와 같은 대격변에 의하여 만들어진 것입니다.
   ② 지구의 거대한 화석 무덤들은 갑작스런 죽음이 있었음을 말해 주며 이것들은 진화를 위한 증거물이 아니라 하나님의 능력과 죄에 대한 하나님의 심판을 보여 줍니다.
   ③ 4-5백마리에 달하는 거대한 맘모스와 화석이 얼어붙은 채로 북극에 매몰되어 있습니다. 서 있는 것, 구부리고 있는 것, 소화되지 않은 식물 등이 발견되는데 이것들은 갑작스런 격변에 의해 만들어진 것입니다.
   ④ 거대한 고래의 화석이나 해저생물의 화석이 산꼭대기에서 발견되는데 이는 산꼭대기가 물로 덮였었다는 사실을 증명합니다.

2. 지구 표면 아래서 발견되는 석탄층은 홍수사건을 지지합니다.
   - 엄청난 무게와 압력 때문에 생겨난 열이 식물을 석탄화 하였음
   - 만일 동일과정설을 주장한다면 오늘날에도 어느 지역에서든지 석탄이 만들어지는 과정이 있어야 합니다.

3. 석유의 기원은 대홍수 사건으로 설명됩니다.
   - 엄청난 압력과 마찰을 받아서 발생한 열이, 뒤섞인 유기물들을 신속하게 원유로 바꾸었습니다.

4. 빙하시대가 있었다는 사실은 대홍수 사건을 증명해 줍니다.
   - 궁창 위의 물이 쏟아짐으로써 갑작스런 온도의 변화가 있었음.

5. 미국 아리조나 주에 있는 화석화된 숲은 대홍수 사건으로 설명됩니다.
   - 다른 지역에서 온 나무토막들은 홍수 당시 격렬한 물결에 의하여 이동된 것임을

보여 줍니다.

* 프리셉트성경연구원 간행, "프리셉트 귀납적 성경연구과정 창세기 I", pp. 302-312.

성서적 답변

벧후 3:3-7을 읽으십시오.

1. 하나님께서 무엇으로 하늘과 땅을 성립시켰습니까? (5절)

2. 만물이 처음 창조한 때와 같이 현재에도 그냥 있습니까? 아니면 그 동안에 어떤 변화가 있었습니까? (4절)

3. 노아시대 때 세상은 어떻게 멸망했습니까? (6절) 이것은 대홍수 심판을 지지해 주는 말씀입니까?

4. 이제 하나님께서는 세상을 무엇으로 심판하실 것입니까? (7절)

5. 홍수 심판에 대해 여러분은 그동안 어떤 태도를 가지고 있었습니까?

6. 앞으로 다가올 심판을 확실히 믿으며, 또한 준비하는 삶을 살고 있습니까?

메 · 시 · 지

하나님께서는 언약에 신실하신 분입니다. 하나님께서는 미리 경고하신 대로 이 세상에 홍수를 보내 죄인들을 다 멸망시키셨습니다. 진화론을 신봉하는 자연주의자들은 이 지구 역사에 대홍수 같은 급변적인 사건은 없었다고 주장합니다. 오늘날 우리가 볼 수 있는 지구 표면은 오랜 세월이 지나는 동안 서서히 변화되어 지금의 상태가 되었다고 주장합니다. 그러나 이 자연주의자들의 주장을 뒷받침해 줄 수 있는 증거는 아무 것도 없습니다. 오히려 지구 여기 저기서 발견되는 화석이나 지층구조는 예전의 지상에 세계적인 대홍수 같은 사건이 실제로 있었다는 사실을 말해 주고 있습니다.

하나님께서는 인간을 포함한 모든 피조물들을 보호하시기 위해서 궁창 위에 물을 준비해 두셨습니다. 물이 궁창 위에서 지구를 덮고 있었기 때문에 인간과 모든 생물들이 보호를 받았습니다. 그러나 인간이 범죄하여 하나님의 사랑과 보호의 구역에서 추방되었고 점점 더 죄악에 빠져들게 되었습니다. 아담의 아들 가인이 동생을 살해했고 그 가인의 후손들은 죄악의 문화를 번성시켰습니다. 그리하여 마침내 하나님께서는 물로 이 세상을 심판하셨습니다. 만물은 처음 창조 때와 같이 계속적으로 지금까지 그냥 있는 것이 아닙니다. 홍수 때문에 이 세상은 변했습니다. 궁창 위의 물이 다 쏟아졌고 지표면이 변화되었고 또 어떤 생물들은 멸종되기도 했습니다.

마지막 때가 되면 기롱하는 자들이 나타나서 성도들을 미혹합니다. "하나님의 심판이 어디 있느냐?" "그 옛날 홍수심판이 정말로 있었느냐?"고 하면서 도전을 합니다. 그러나 그 말에 속지 마십시오. 하나님께서는 말씀으로 이 우주만물을 만드셨고 인간을 창조하셨으며, 죄악으로 인해 세상을 심판하셨습니다.

이제 하나님께서는 이 하늘과 땅을 불로 사르기 위하여 심판의 날까지 보존하고 있다고 하셨습니다. 홍수심판을 감행하셨던 하나님께서는 반드시 언젠가 이 세상을 불로 심판하실 것입니다. 여러분! 그 날이 이르기까지 하나님의 명령에 순종하고 성령을 좇아 행함으로 점도 없고 흠도 없이 살아가시기를 바랍니다.

제10과 무지개 언약

찬송 : 478장
주 날개 밑 내가 편안히 쉬네 밤 깊고 비바람 불어쳐도 아버지께서
날 지키시리니 거기서 편안히 쉬리로다 주 날개 밑 즐거워라
그 사랑 끊을 자 뉘뇨 주 날개 밑 내 쉬는 영혼 영원히 거기서 살리
본문 : 창세기 9:1-29
요절 : 창세기 9:16
"무지개가 구름 사이에 있으리니 내가 보고 나 하나님과 땅의 무릇
혈기 있는 모든 생물 사이에 된 영원한 언약을 기억하리라"

서 론

서양 격언에 "사람은 죄를 짓고 하나님은 용서하신다"(man sinning, God forgiving)라는 말이 있습니다. 하나님께서는 악독과 패괴를 일삼고 극도로 패역한 인간들을 향하여 한탄하시고 진노하사 홍수를 보내어 심판하셨지만 다시금 은혜와 사랑을 베푸십니다. 하나님은 친히 창조하신 피조 세계를 물로 모두 쓸어버리실 만큼 죄에 대해서는 단호하시지만 하나님의 형상을 따라 지으신 인간을 지극히 사랑하셔서 항상 그들을 구원하려 하십니다.

창세기 9장에는 인간을 향한 하나님의 영원한 사랑의 증표인 무지개가 나타납니다. 오늘은 홍수 후에 하나님께서 인간에게 주신 모든 사랑의 선물들을 살펴보겠습니다. 아울러 하나님의 이같은 은혜에도 불구하고 또 다시 술취하고 실수하고 범죄하는 인간들의 모습도 보게 될 것입니다. 우리는 다시 한번 "의인은 없나니 하나도 없다"(롬 3:10)는 하나님의 말씀을 가슴 깊이 인정하게 될 것입니다.

홍수 후의 새 질서

1. 홍수 후에 방주에서 나온 노아와 그 아들들에게 하나님이 주신 복은 무엇입니까? (1, 7절)

2. 홍수 후에 동물들과 관련하여 하나님이 주신 약속은 무엇입니까? (2절) 여기서 동물들에 대한 인간의 책임은 없습니까?

3. 인간에게 주신 새로운 음식은 무엇입니까? (3절) 이것은 인간이 범죄하기 전과 어떻게 다릅니까? (참고. 창 1:29; 딤전 4:4)

주) 홍수 이후에는 채소와 과일을 얻기가 어렵기 때문에 육식을 허용하셨을 것이다. (크리소스톰)

4. 고기를 피채 먹지 말라는 뜻은 무엇입니까? 그 이유는 무엇입니까? (4절) 이 명령은 오늘날에도 적용됩니까? (참고. 행 15:20)

5. 하나님께서 인간에게 사형제도를 주신 이유는 무엇입니까? (5-6절) 여러분은 사형제도에 찬성하십니까?

홍수 후의 언약

1. 홍수 후에 하나님이 세운 언약은 무엇입니까?

① 대상 (8-10절)

② 내용 (11, 15절)

③ 효력기간 (12절)

④ 증거 (13-17절)

주) 증거 : (히) 오트, (영) sign, 표징, 신호, 표시, 이것의 진정한 가치는 그 속에 내재되어 있는 약속의 말씀입니다.

2. 우리는 무지개 언약을 보면서 하나님의 어떤 성품을 깨닫게 됩니까?

3. 여러분은 오늘날 홍수가 날 때 어떤 반응을 보입니까? 은혜의 하나님께 나아가 나라와 민족을 위하여 기도하십니까? 특별히 하나님께서 언약해 주신 말씀(11,15절)을 의지하여 담대히 기도합니까?

노아의 세 아들

1. 당대에 완전한 사람이었던 노아도 실수를 했습니다. 노아를 실수하게 만든 것은 무엇입니까? (20-21절)

2. 아버지의 실수에 대해서 노아의 세 아들들은 각각 어떤 반응을 보였습니까?

① 함 (22절) :

② 셈, 야벳 (23절) :

3. 세 아들들에게 일어난 결과는 무엇입니까?

① 함(가나안) (25절) :

② 셈 (26절) :

③ 야벳 (27절) :

4. 여러분은 술에 대하여 어떤 태도를 갖고 있습니까?
(참고) ① 잠 23:19-22

② 갈 5:19-21

5. 노아의 실수를 보면서 여러분은 인간의 한계를 인정합니까? 진정으로 인간에게 구원자가 필요하다는 사실을 절감합니까? (롬 3:23; 요 14:6)

메 · 시 · 지

일 년이 넘는 세월을 방주 속에서 지내야 했던 노아와 그 가족들의 심정은 어떠했을까요? 바깥 세상과의 단절, 차오르는 파도, 거센 물결에 휩싸여 죽어가는 생물들의 소리…. 그것은 분명 고난이었고 고통이었을 것입니다. 수십 일이 지난 뒤 드디어 노아는 방주 뚜껑을 제치고 비가 그친 후의 마른 땅을 볼 수 있었습니다. 그러나 홍수가 쓸고 간 그 황량한 벌판을 바라보면서 그의 심정은 더욱 고통스러웠을 것입니다. 홍수에서 구원받았다는 기쁨은 잠시였고 장래에 대한 불안과 두려움이 엄습해 왔을 것입니다.

이런 상황에서 하나님께서 노아를 찾아오셨습니다(8:15). 우리는 창세기 9장에서 어떤 하나님을 만날 수 있습니까?

첫째, 하나님은 우리에게 복을 주시는 분입니다(1-7절). 하나님은 우리가 땅에서 생육하고 번성하여 충만하도록 복을 주시고 그 대책까지 마련해 주시는 분입니다. 하나님은 모든 동물들을 우리 손에 붙이셨고 우리를 위해 새로운 음식도 주셨으며 우리의 생명을 보호하기 위해서 사형제도까지 허용해 주셨습니다.

둘째로, 하나님은 일방적으로 은혜의 언약을 맺어 주시는 분입니다(8-17절). 홍수 후에 하나님께서는 인간과 한 마디 타협이나 상의를 거치지 않고 친히 주도적이고 일방적으로 언약을 세우셨습니다. 비록 인간들이 하나님을 다시 배신하고, 무시하고 반역하는 일이 있어도 다시는 물로 멸하지 않겠다는 약속입니다. 신실하신 하나님께서는 오늘날까지 이 약속을 지키셨으며 앞으로도 지켜 나가실 것입니다. 하나님의 무조건적이고 일방적인 약속과 사랑은 오늘날 우리 인간들이 구원을 받을 수 있는 유일한 근거가 됩니다.

하나님은 누구든지 예수 그리스도를 믿고 영접하면 하나님의 자녀가 될 수 있다고 말씀하셨습니다(요 1:12). 우리가 하나님을 사랑하고 그분의 계명을 지키는 인생을 살면서 기도하면 응답해 주시겠다고 하셨습니다(요일 3:22). 또한 하나님을 사랑하는 자 곧 그 뜻대로 부르심을 입은 자들에게는 모든 것이 합력하여 선이 되도록 인도해 주시겠다고 하셨습니다(롬 8:28). 살다가 범죄할 때 진실로 상한 마음을 가지고 죄를 자복하고 회개하면 용서해 주시겠다고 하셨습니다(요일 1:9). 여러분은 하나님의 이러한 약속들을 진실로 믿고 의지하면서 그 약속에 맞추어 살고 있습니까?

마지막으로 하나님은 수치를 덮어 주시는 분입니다(18-29절). 노아가 술에서 깨어난 후 자기 아들들이 행했던 일을 알고 함에게는 저주를, 셈과 야벳에게는 축복을 베풀었습니다. 그런데 그것이 그대로 이루어졌습니다. 이 일을 이루신 분이 누구십니까? 하나님입니다. 그러므로 우리는 이 사건 속에서 다른 사람의 허물을 들추어내는 것은 하나님의 뜻이 아니라는 사실을 깨닫게 됩니다.

여러분은 다른 사람의 죄를 덮어 줍니까? 범죄하는 형제를 위해서, 그가 진실로 회개할 수 있도록 하나님께 간절히 기도하십니까?(요일 5:16) 사람들 앞에서는 입을 다물어 주고 하나님 앞에서만 입술을 열어 그를 위하여 사랑의 마음으로 기도할 수는 없겠습니까? 하나님께서 우리에게 복을 주시고 우리에게 일방적인 사랑의 언약을 주시며 또 그것을 신실하게 지켜 주신다는 사실을 진실로 믿는다면, 우리는 다른 사람의 허물을 덮어 주면서 그를 변화시키실 수 있는 하나님께 계속하여 기도하게 될 것입니다.

제11과 언어, 민족, 국가, 대륙의 기원

찬송 : 273장
저 북방 얼음산과 또 대양 산호섬 저 남방 모든 나라 수많은 백성들
큰 죄악 범한 민족 다 구원 얻으려 참빛을 받은 우리 곧 오라 부른다
본문 : 창세기 10:1-11:32
요절 : 창세기 11:9
"그러므로 그 이름을 바벨이라 하니 이는 여호와께서 거기서 온 땅의 언어를 혼잡케 하셨음이라 여호와께서 거기서 그들을 온 지면에 흩으셨더라"

서 론

인간의 죄는 어떻게 해야 근본적으로 해결되는 것입니까? 오랜 도덕적 훈련을 거치면 가능해집니까? 경건한 혈통을 이어 받았다고 해서 죄문제가 해결됩니까? 하나님께서는 물로 세상을 심판하셨습니다. 독일의 시인 괴테는 "내가 만약 하나님이라면 이 세상의 죄악 때문에 가슴이 터질 것이다"라고 했는데 진정 하나님께서는 그런 심정이 되어서 이 세상을 물로 다스렸습니다. 거대한 홍수를 땅에 보내셔서 죄악으로 만연된 인간들을 다 멸하시고 생물들까지 다 쓸어 버리셨습니다. 하지만 그렇게 함으로써 세상이 새로워졌습니까? 인간의 마음이 새롭게 변화되었습니까? 아닙니다! 우리는 오늘 창세기 10장과 11장에서 홍수 후에 다시 범죄하는 인간들의 군상을 보게 됩니다. 홍수 심판 후에도 인간들은 다시 교만해졌습니다. 하나님께 반항했습니다. 하나님의 명령을 저버렸습니다. 과연 인간을 위한 하나님의 완전한 대책은 무엇입니까?

바벨탑 사건 (창 11장)

1. 홍수 후에 사람들의 언어 생활은 어떠했습니까? (1절)

2. 그 당시 사람들은 어떤 공동체를 이루고 있었습니까? (6절)

3. 그들은 어느 곳으로 거주지를 옮겼습니까? (2절)

주) 시날 평지는 티그리스와 유프라데스 계곡 안에 있는 지역으로서 바벨론 평야를 일컫습니다(10:10).

4. 그들이 거기서 했던 일은 무엇입니까? (3-4절)

5. 그들이 성과 대를 쌓았던 주된 목적은 무엇이었습니까? (4절)

주) 여기서 '성'은 도시(city)이고 '대'는 탑(tower)을 가리킵니다. 오늘날 바벨탑의 유적지는 이라크의 수도인 바그다드 서남쪽에 있는 '힐라'라는 마을의 북쪽 6km 지점으로 추정됩니다. 고대로부터 마르둑 신전이 있었던 유명한 우상숭배 지역입니다.

6. 이에 대한 하나님의 반응은 어떠했습니까? (5-6절)

7. 하나님께서는 이 사람들을 어떤 방법으로 심판하셨습니까? (7-9절)

주) 이 때부터 인간들은 같은 언어를 사용하는 종족끼리 이동하여 민족, 국가를 형성하게 되었습니다.

민족, 국가의 형성 (창 10장)

1. 노아의 아들 중에서 야벳의 후손들을 말해 보십시오. (1-5절)

주) 야벳은 '확장하다' 라는 뜻으로 성지 팔레스타인을 중심으로 지중해 북방 연안으로 확장하여 나아갔습니다. 이들은 주로 서부 유럽의 라틴족, 게르만족 국가를 건설하였고 동유럽의 슬라브족, 러시아인, 폴란드인을 포함하며 또 인도인과 이란족의 일부를 포함합니다. 영국인들도 이들로부터 유래되었습니다(14족속 형성).

2. 함의 아들은 누구입니까? (6절)

① 구스의 아들 중에서 니므롯은 어떤 사람입니까? (8-9절)

주) 그 이름은 '대적하다', '정복하다' 라는 뜻이며 "특이한 사냥꾼"이란, 힘있는 사냥꾼(mighty hunter)이란 뜻으로서, 사람을 함부로 죽이는 사악한 사냥꾼 이라는 의미입니다.

② 니므롯이 건설한 나라는 어디에 있었습니까? (10-12절)

주) 니므롯은 시날 땅에 큰 성읍들을 세운 지도자로서 세계 대제국의 강력한 통치자가 되기를 원하여 홍수 이후에 인류를 하나의 국가로 통일시키려고 시도한 사람이었습니다. 그는 하나님께 반역하였고 바벨탑을 세우는 데 주도적인 역할을 한 사람이었으며 또 사람들을 닥치는 대로 죽이는 폭꾼이었다고 전해집니다.

③ 가나안의 후손들이 형성한 족속들을 말해보십시오. (15-19절)

주) 함은 '뜨겁다' 라는 뜻으로 그의 후손들은 남방 지대로 퍼져서 주로 아시아, 아프리카, 이집트에 정착했으며 현재 중동지역의 서부와 남부에 퍼져 있는 족속들을 이루었습니다(30족속 형성).

3. 셈의 아들들은 누구입니까? (22절)

① 이 아들들 중에서 누가 신앙의 정통성을 이어 나갔습니까? (24-25절)

② 벨렉 시대에 세상이 나뉘었다는 것은 무슨 뜻입니까? (25절)

주) 이 구절은 두 가지 해석을 가능케 합니다.

a. 문자 그대로 지구가 오늘날처럼 여러 대륙으로 나누어졌다는 뜻과

b. 창세기 10장과 11장의 문맥으로 볼 때 이것은 언어의 혼잡에 따른 민족, 국가의 분리 및 성립을 의미한다는 해석입니다.

③ 셈은 '유명하다' 라는 뜻으로서 주로 중앙 지대에서 거주했으며 이들 중에서 앗수르인, 아랍인, 유대인이 나왔습니다(26족속 형성).

④ 창세기 11:10부터 셈의 후손들이 다시 소개됩니다. 그 이유는 무엇입니까?

4. 여러분은 하나님의 영광을 위해서가 아니라 자신의 이름을 내기 위해서 일한 적은 없습니까? 또한 여러분이 속해 있는 단체나 교회의 영광을 위하여 하나님의 명령을 위반하고 있는 점은 없습니까?

우리가 니므롯과 바벨 사람들과 같이 자기의 성을 쌓고 하나님을 반역할 때 하나님께서는 우리를 어떻게 다루실까요? 여러분 내면에 도사리고 있는 바벨의 도성을 구체적으로 주께 고백하고 죄사함의 은총을 덧입으십시오.

메 · 시 · 지

아담이 범죄한 후에 모든 사람이 죄에 빠졌습니다. 당대에는 완전한 자였고 의롭게 살았던 노아마저도 술에 취하여 실수를 저질렀습니다. 그 후손들은 어떠했습니까? 노아의 발자취를 따라 하나님을 기쁘시게 하는 인생을 살았습니까? 그렇지 않습니다. 그들은 하나님의 권위에 도전하고 명령을 무시하면서 바벨탑을 건설했습니다. 그래서 인간은 다시 하나님께 심판을 받아 언어가 혼잡해졌고 결국 뿔뿔이 흩어지게 되었습니다.

바벨탑 사건은 여러 가지 면에서 인간의 죄악을 드러내 줍니다.

첫째로 바벨탑은 우상숭배의 진원지였습니다. 1850년대 바벨론 유적지에서 발견된 한 점토판에 의하면 이 바벨탑은 마르둑 신이라는 우상을 위하여 건설되었습니다. 바벨탑을 쌓던 벽돌 하나 하나에는 마르둑 신의 형상이 새겨져 있고 탑의 맨 꼭대기에는 그 신을 섬기는 신전이 있었습니다. 바벨탑을 건설한 사람들은 마르둑 신을 섬기면서 탑의 맨 꼭대기에서 일월성신을 관찰하여 점성술을 발달시키기도 했습니다. 결국 하나님께서는 우상숭배를 위하여 쌓은 그 바벨탑을 무너뜨리셨던 것입니다.

둘째로 바벨탑 건설은 인간의 교만을 드러내는 사건이었습니다. 그들은 넓고 넓은 시날 평지에 정방형으로 100m나 되는 높은 탑을 우뚝 세움으로써 인간의 위력을 과시하고 싶었습니다. 그들은 "자, 우리가 성과 대를 쌓아서 대 꼭대기를 하늘에 닿게 하여 우리의 이름을 내자."(창 11:4)고 말했습니다. '우리의 이름을 내는 것'이 바벨탑을 건설하던 사람들의 1차 목표였습니다. 알렉산드리아의 유대인 종교 철학자였던 펄로의 기록에 보면 이 사람들은 정말로 자기들의 이름을 영원히 남기기 위해서 바벨탑을 쌓을 때 벽돌에 이름을 새겨 넣었다고 합니다. 그러나 하나님께서는 "먹든지 마시든지 무엇을 하든지 다 하나님의 영광을 위하여 하라"(고전 10:31)고 하셨습니다. 겸손하게 하나님과 동행했던 성도들의 이름은 역사 속에서 길이 빛나고 있지만 바벨탑을 건설했던 교만한 사람들의 이름은 지금 아무도 찾아볼 수 없습니다.

마지막으로 바벨탑은 하나님의 명령을 거역한 사건입니다. 하나님께서는 인간에게 "생육하고 번성하여 땅에 충만하라"고 명령하셨습니다. 그런데 사람들은 바벨탑을 높이 쌓고 그 안에서 함께 모여 살기를 원했고 땅에 충만히 퍼지는 것을 원치 않았습니다. "우리가 우리 이름을 내고 온 지면에 흩어짐을 면하자"(창 11:4)라고 했습니다. 그들은 하나님을 무시하고 오직 자신들의 힘과 의지로 바벨탑을 쌓고 그것에 의존하여 홍수나 짐승들의 공격을 막으면서 탑 안에서 안전하게 살아가고자 했던 것입니다. 여러분은 혹시 하나님의 도우심을 구하지 않고 자신의 힘만을 의존하면서 살아가고 있지 않습니까? 하나님 없는 노력이나 수고나 사상은 반드시 멸망하고 말 것입니다.

바벨탑 사건을 보면서 우리는 다시 한번 인간의 운명에 대해서 절망감을 느끼게 됩니다. 홍수의 심판 속에서 구원받은 의로운 노아의 후손들이 또다시 하나님께 반역을 했다는 사실은 우리를 슬프게 합니다. 인간은 정녕 새로워질 수 없는 것입니까? 영원히 구원을 받을 수 없는 것입니까? 하나님께서는 심판만 하고 가만히 계신 것입니까? 그렇지 않습니다.

하나님께서는 인간의 죄를 해결하기 위하여 준비하고 계셨습니다. 아브라함의 등장이 바로 하나님의 구원을 보여 주는 사건입니다. 아브라함의 후손 중에서 다윗이 나왔고 다윗의 후손 중에서 우리 주 예수 그리스도께서 탄생하셨습니다. 에덴동산에서 아담이 범죄하였을 때, 가인이 동생을 죽이고도 자기 죄를 인정치 않았을 때, 노아시대 사람들이 범죄하여 홍수 심판을 받았을 때, 사람들이 바벨탑을 쌓고 교만을 부리고 있었을 그 때에도 하나님은 우리를 위해서 예수 그리스도를 예비하고 계셨습니다. 여러분은 예수 그리스도를 영접하셨습니까? 그리스도 안에서 죄를 사함받은 확신이 있습니까? 또한 그리스도 안에서 의로운 삶을 살아가고 있습니까?

제12과 창세기 1-11장 개관 및 복습

찬송 : 241장
하나님 아버지 주신 책은 귀하고 중하신 말씀일세
기쁘고 반가운 말씀 중에 날 사랑한단 말 참 좋도다
주 나를 사랑하시오니 즐겁고도 즐겁도다
주 나를 사랑하시오니 나는 참 기쁘다
본문 : 창세기 1장 - 11장

서론

우리는 지금까지 창세기 1장부터 11장까지의 내용을 공부했습니다. 이 지구를 포함한 우주의 기원을 비롯하여 인간과 온 땅에 있는 생물들의 시작도 살펴보았습니다. 우리는 하나님께서 주신 말씀과 이를 증명해주는 과학적인 사실들을 통하여 인생사의 근원적인 문제에 대한 명쾌한 해답을 얻었습니다. 그리고 하나님께서 인간들을 얼마나 사랑하고 계신지, 주께서 친히 창조하신 만물들을 얼마나 아끼고 소중하게 다루고 계신지도 알게 되었습니다. 그러나 인간의 교만과 불순종과 자기 중심적인 삶과 하나님을 거부하여 자기의 길로 고집하여 나아가는 절망적인 모습도 보았습니다. 또한 하나님의 오래 참으심과 더불어 죄에 대해서는 반드시 심판을 내리시는 공의와 위엄을 보았습니다. 끝까지 인간들을 포기하지 않으시는 하나님께서 아브라함을 통하여 마침내 우리 구주 예수 그리스도를 이 땅에 보내실 것을 이미 계획하고 계셨음도 확인했습니다. 오늘은 다시 한번 창세기 1장부터 11장까지의 내용을 살펴보면서 저자의 기록 목적과 전체의 주제를 알아보겠습니다.

창세기 1-11장을 여러 번 읽으십시오.

1. 창세기를 기록한 저자는 누구입니까?

---

① 출 24:4
모세가 여호와의 모든 말씀을 기록하고 이른 아침에 일어나 산 아래 단을 쌓고 이스라엘 십이 지파대로 열두 기둥을 세우고

② 눅 24:27
이에 모세와 및 모든 선지자의 글로 시작하여 모든 성경에 쓴 바 자기에 관한 것을 자세히 설명하시니라

③ 행 26:22
하나님의 도우심을 받아 내가 오늘까지 서서 높고 낮은 사람 앞에서 증거하는 것은 선지자들과 모세가 반드시 되리라고 말한 것밖에 없으니

주) 모세오경은 창세기, 출애굽기, 레위기, 민수기, 신명기를 가리킵니다.

2. 창세기(1-11장)에 나타나는 네 가지의 중요한 사건은 무엇입니까?
① 1-2장:
② 3-4장:
③ 5-9장:
④ 10-11장:

3. 창세기는 시작에 관한 책입니다. 각 장에서 처음으로 시작된 것은 무엇입니까?
① 1장:
② 2장:
③ 3장:
④ 4장:

⑤ 5-8장:

⑥ 9장:

⑦ 10-11장:

4. 창세기 5장과 11장의 하반부에 기록되어 있는 계보는 우리에게 무엇을 교훈하고 있습니까?

(참고. 창 4:26)

셋도 아들을 낳고 그 이름을 에노스라 하였으며 그 때에 사람들이 비로소 여호와의 이름을 불렀더라

5. 이상에서 보는 바와 같이 창세기(1-11장)에서 저자는 인간의 모든 역사 속에서 하나님께서 주권적으로 활동하고 계신 모습을 보여 주고 있습니다. 사랑과 공의라는 두 가지 성품을 동시에 나타내시면서 인간의 역사에 개입하시고 주관하시는 하나님의 능력을 보여 주고 있습니다.

창세기(1-11장)의 기록목적을 구체적으로 생각해 보십시오.

① 하나님 편에서 :

② 인간 편에서 :

6. 이번 주까지 창세기 1-11장을 공부하면서 하나님께서 여러분에게 주신 은혜와 깨달음들을 나눠보십시오.

메 · 시 · 지

창세기는 우리 인생에서 가장 기초가 되는 진리들을 가르쳐 주고 있는 책입니다.

태초에 하나님께서 천지만물을 창조하셨습니다. 우리 인간도 하나님께서 만드셨습니다. 하나님은 인간을 하나님의 형상대로 지으시고 그에게 다른 모든 피조물들을 정복하고 다스리는 권세를 주셨습니다. 하나님께서는 또한 인간을 위하여 아름다운 에덴 동산을 만들어 주셨고, 에덴을 다스리며 모든 동물들의 이름을 지을 수 있는 권한도 주셨습니다. 그것도 부족해서 하나님은 아담이 가장 기뻐할 수 있는, 그와 전인격적인 교제를 나눌 수 있는, 여자를 주셨습니다. 이것이야말로 행복의 극치였습니다.

그러나 인간은 죄에 빠졌습니다. 하나님의 명령에 불순종했습니다. 그 결과 모든 인간이 죄에 빠졌습니다. 한 사람의 불순종으로 말미암아 모든 인간이 하나님과 원수가 되었고 에덴 동산에서 쫓겨났으며 하나님이 없는 무신론의 문화를 만들어 갔습니다.

죄의 결과는 죽음입니다. 하나님과의 단절입니다. 인간은 하나님의 면전에서 쫓겨났고 하나님과의 교제가 끊어졌습니다. 자기를 창조하신 하나님을 알지 못하고 고아와 같이 방황하는 인생이 되었습니다. 영적으로 하나님과 단절된 인간은 마침내 육신적으로도 죽음을 당하게 되었습니다. 우리 인생들은 모두 다 저주 아래 놓인 것입니다.

그러나 여러분! 하나님은 거기서 끝내지 않으셨습니다. 바로 그 시점에서 하나님은 우리에게 구원의 예표를 주셨고, 가죽옷을 지어 입히셨고, 홍수 심판 속에서 의인 노아를 구원하여 인생들에게 소망을 주셨습니다. 또한 인간의 근본이 부패하고 악하다 할지라도 더 이상 물로 심판하지 않겠다고 약속해 주셨습니다. 그리고 부패한 인간을 위해 구원의 새로운 역사를 이루어 가셨습니다. 데라를 선택하셔서 그를 갈대아 우르에서 하란으로 이주시켰고,

다시 아브라함을 가나안 땅으로 이주시켜서 거기서 하나님의 백성으로 훈련하셨습니다. 하나님은 그들을 통하여 영원한 나라, 새 하늘과 새 땅을 우리에게 약속해 주셨습니다.

우리는 창세기 1-11장에서 철저하게 패배하고 범죄한 인생들을 끝까지 포기하지 아니하시는 하나님의 열망을 봅니다. 하나님 안에 위대한 열망이 있습니다. 그것은 인간들이 어떠한 비참한 상황 가운데 처해 있다 할지라도 단지 심판하는 것으로 끝내지 않겠다는 하나님의 결심입니다. 그리하여 하나님은 새롭게 구원을 계획하셨고 시작하셨습니다. 그리고 역사 속에서 그 구원을 전개해 나가시다가 예수 그리스도를 통해 완성하셨습니다. 이 사실로 인해서 우리는 오늘도 이 영광스런 복음을 위해 살 것과 믿지 않는 영혼들에게 끊임없이 증거하는 삶을 살기로 다시 한번 결단하게 됩니다. 우리는 이 복음 안에서 잃어버린 낙원이 새롭게 회복되고 영원한 하나님의 나라가 임할 것을 확실히 믿습니다. 그리고 그 나라는 단지 죽은 후에만 가는 나라가 아니요, 우리가 사는 '지금' 이 시점에서 누릴 수 있는 나라라는 것을 알고 있습니다.

이 생명력 넘치는 복음의 능력으로 인해 여러분의 삶의 현장이 변화되기를 간절히 바랍니다. 그리고 구원의 역사가 우리의 가정과 사회 속에서 때마다, 일마다 나타나기를 소망합니다.

할렐루야!

창 세 기

관찰작업표

창세기 1장

장제목 : ____________________
요 절 : ____________________

1 태초에 하나님이 천지를 창조하시니라
2 땅이 혼돈하고 공허하며 흑암이 깊음 위에 있고 하나님의 신은 수면에 운행하시
니라
3 하나님이 가라사대 빛이 있으라 하시매 빛이 있었고
4 그 빛이 하나님의 보시기에 좋았더라 하나님이 빛과 어두움을 나누사
5 빛을 낮이라 칭하시고 어두움을 밤이라 칭하시니라 저녁이 되며 아침이 되니 이
는 첫째 날이니라
6 하나님이 가라사대 물 가운데 궁창이 있어 물과 물로 나뉘게 하리라 하시고
7 하나님이 궁창을 만드사 궁창 아래의 물과 궁창 위의 물로 나뉘게 하시매 그대로 되
니라
8 하나님이 궁창을 하늘이라 칭하시니라 저녁이 되며 아침이 되니 이는 둘째 날이
니라
9 하나님이 가라사대 천하의 물이 한 곳으로 모이고 뭍이 드러나라 하시매 그대로
되니라
10 하나님이 뭍을 땅이라 칭하시고 모인 물을 바다라 칭하시니라 하나님의 보시기
에 좋았더라
11 하나님이 가라사대 땅은 풀과 씨 맺는 채소와 각기 종류대로 씨 가진 열매 맺는
과목을 내라 하시매 그대로 되어
12 땅이 풀과 각기 종류대로 씨 맺는 채소와 각기 종류대로 씨 가진 열매 맺는 나무

를 내니 하나님의 보시기에 좋았더라
13 저녁이 되며 아침이 되니 이는 셋째 날이니라
14 하나님이 가라사대 하늘의 궁창에 광명이 있어 주야를 나뉘게 하라 또 그 광명
으로 하여 징조와 사시와 일자와 연한이 이루라
15 또 그 광명이 하늘의 궁창에 있어 땅에 비취라 하시고 (그대로 되니라)
16 하나님이 두 큰 광명을 만드사 큰 광명으로 낮을 주관하게 하시고 작은 광명으
로 밤을 주관하게 하시며 또 별들을 만드시고
17 하나님이 그것들을 하늘의 궁창에 두어 땅에 비취게 하시며
18 주야를 주관하게 하시며 빛과 어두움을 나뉘게 하시니라 하나님의 보시기에 좋
았더라
19 저녁이 되며 아침이 되니 이는 넷째 날이니라
20 하나님이 가라사대 물들은 생물로 번성케 하라 땅 위 하늘의 궁창에는 새가 날
으라 하시고
21 하나님이 큰 물고기와 물에서 번성하여 움직이는 모든 생물을 그 종류대로, 날
개 있는 모든 새를 그 종류대로 창조하시니 하나님의 보시기에 좋았더라
22 하나님이 그들에게 복을 주어 가라사대 생육하고 번성하여 여러 바다 물에 충만
하라 새들도 땅에 번성하라 하시니라
23 저녁이 되며 아침이 되니 이는 다섯째 날이니라
24 하나님이 가라사대 땅은 생물을 그 종류대로 내되 육축과 기는 것과 땅의 짐승
을 종류대로 내라 하시고 (그대로 되니라)
25 하나님이 땅의 짐승을 그 종류대로, 육축을 그 종류대로, 땅에 기는 모든 것을
그 종류대로 만드시니 하나님의 보시기에 좋았더라
26 하나님이 가라사대 우리의 형상을 따라 우리의 모양대로 우리가 사람을 만들고

그로 바다의 고기와 공중의 새와 육축과 온 땅과 땅에 기는 모든 것을 다스리게
하자 하시고
27 하나님이 자기 형상 곧 하나님의 형상대로 사람을 창조하시되 남자와 여자를 창
조하시고
28 하나님이 그들에게 복을 주시며 그들에게 이르시되 생육하고 번성하여 땅에 충
만하라. 땅을 정복하라. 바다의 고기와 공중의 새와 땅에 움직이는 모든 생물을
다스리라 하시니라
29 하나님이 가라사대 내가 온 지면의 씨 맺는 모든 채소와 씨 가진 열매 맺는 모든
나무를 너희에게 주노니 너희 식물이 되리라
30 또 땅의 모든 짐승과 공중의 모든 새와 생명이 있어 땅에 기는 모든 것에게는 내
가 모든 푸른 풀을 식물로 주노라 하시니 그대로 되니라
31 하나님이 그 지으신 모든 것을 보시니 보시기에 심히 좋았더라 저녁이 되며 아
침이 되니 이는 여섯째 날이니라

창세기 2장

장제목 : ____________________

요　절 : ____________________

1 천지와 만물이 다 이루니라
2 하나님의 지으시던 일이 일곱째 날이 이를 때에 마치니 그 지으시던 일이 다하
므로 일곱째 날에 안식하시니라
3 하나님이 일곱째 날을 복 주사 거룩하게 하셨으니 이는 하나님이 그 창조하시며
만드시던 모든 일을 마치시고 이 날에 안식하셨음이더라
4 여호와 하나님이 천지를 창조하신 때에 천지의 창조된 대략이 이러하니라
5 여호와 하나님이 땅에 비를 내리지 아니하셨고 경작할 사람도 없었으므로 들에
는 초목이 아직 없었고 밭에는 채소가 나지 아니하였으며
6 안개만 땅에서 올라와 온 지면을 적셨더라
7 여호와 하나님이 흙으로 사람을 지으시고 생기를 그 코에 불어넣으시니 사람이
생령이 된지라
8 여호와 하나님이 동방의 에덴에 동산을 창설하시고 그 지으신 사람을 거기 두시고
9 여호와 하나님이 그 땅에서 보기에 아름답고 먹기에 좋은 나무가 나게 하시니
동산 가운데에는 생명나무와 선악을 알게 하는 나무도 있더라
10 강이 에덴에서 발원하여 동산을 적시고 거기서부터 갈라져 네 근원이 되었으니
11 첫째의 이름은 비손이라 금이 있는 하윌라 온 땅에 둘렸으며
12 그 땅의 금은 정금이요 그 곳에는 베델리엄과 호마노도 있으며
13 둘째 강의 이름은 기혼이라 구스 온 땅에 둘렸고
14 셋째 강의 이름은 힛데겔이라 앗수르 동편으로 흐르며 넷째 강은 유브라데더라

15 여호와 하나님이 그 사람을 이끌어 에덴 동산에 두사 그것을 다스리며 지키게
하시고
16 여호와 하나님이 그 사람에게 명하여 가라사대 동산 각종 나무의 실과는 네가
임의로 먹되
17 선악을 알게 하는 나무의 실과는 먹지 말라 네가 먹는 날에는 정녕 죽으리라 하
시니라
18 여호와 하나님이 가라사대 사람의 독처하는 것이 좋지 못하니 내가 그를 위하여
돕는 배필을 지으리라 하시니라
19 여호와 하나님이 흙으로 각종 들짐승과 공중의 각종 새를 지으시고 아담이 어떻
게 이름을 짓나 보시려고 그것들을 그에게로 이끌어 이르시니 아담이 각 생물을
일컫는 바가 곧 그 이름이라
20 아담이 모든 육축과 공중의 새와 들의 모든 짐승에게 이름을 주니라 아담이 돕
는 배필이 없으므로
21 여호와 하나님이 아담을 깊이 잠들게 하시니 잠들매 그가 그 갈빗대 하나를 취
하고 살로 대신 채우시고
22 여호와 하나님이 아담에게서 취하신 그 갈빗대로 여자를 만드시고 그를 아담에
게로 이끌어 오시니
23 아담이 가로되 이는 내 뼈 중의 뼈요 살 중의 살이라 이것을 남자에게서 취하였
은즉 여자라 칭하리라 하니라
24 이러므로 남자가 부모를 떠나 그 아내와 연합하여 둘이 한 몸을 이룰지로다
25 아담과 그 아내 두 사람이 벌거벗었으나 부끄러워 아니하니라

창세기 3장

장제목 : ____________________

요 절 : ____________________

1 여호와 하나님의 지으신 들짐승 중에 뱀이 가장 간교하더라 뱀이 여자에게 물어
가로되 하나님이 참으로 너희더러 동산 모든 나무의 실과를 먹지 말라 하시더냐
2 여자가 뱀에게 말하되 동산 나무의 실과를 우리가 먹을 수 있으나
3 동산 중앙에 있는 나무의 실과는 하나님의 말씀에 너희는 먹지도 말고 만지지도
말라 너희가 죽을까 하노라 하셨느니라
4 뱀이 여자에게 이르되 너희가 결코 죽지 아니하리라
5 너희가 그것을 먹는 날에는 너희 눈이 밝아 하나님과 같이 되어 선악을 알 줄을
하나님이 아심이니라
6 여자가 그 나무를 본즉 먹음직도 하고 보암직도 하고 지혜롭게 할 만큼 탐스럽
기도 한 나무인지라 여자가 그 실과를 따먹고 자기와 함께한 남편에게도 주매
그도 먹은지라
7 이에 그들의 눈이 밝아 자기들의 몸이 벗은 줄을 알고 무화과나무 잎을 엮어 치
마를 하였더라
8 그들이 날이 서늘할 때에 동산에 거니시는 여호와 하나님의 음성을 듣고 아담과
그 아내가 여호와 하나님의 낯을 피하여 동산 나무 사이에 숨은지라
9 여호와 하나님이 아담을 부르시며 그에게 이르시되 네가 어디 있느냐
10 가로되 내가 동산에서 하나님의 소리를 듣고 내가 벗었으므로 두려워하여 숨었
나이다
11 가라사대 누가 너의 벗었음을 네게 고하였느냐 내가 너더러 먹지 말라 명한 그

나무 실과를 네가 먹었느냐
12 아담이 가로되 하나님이 주셔서 나와 함께 하게 하신 여자 그가 그 나무 실과를
내게 주므로 내가 먹었나이다
13 여호와 하나님이 여자에게 이르시되 네가 어찌하여 이렇게 하였느냐 여자가 가
로되 뱀이 나를 꾀므로 내가 먹었나이다
14 여호와 하나님이 뱀에게 이르시되 네가 이렇게 하였으니 네가 모든 육축과 들의
모든 짐승보다 더욱 저주를 받아 배로 다니고 종신토록 흙을 먹을지니라
15 내가 너로 여자와 원수가 되게 하고 너의 후손도 여자의 후손과 원수가 되게 하
리니 여자의 후손은 네 머리를 상하게 할 것이요 너는 그의 발꿈치를 상하게 할
것이니라 하시고
16 또 여자에게 이르시되 내가 네게 잉태하는 고통을 크게 더하리니 네가 수고하고
자식을 낳을 것이며 너는 남편을 사모하고 남편은 너를 다스릴 것이니라 하시고
17 아담에게 이르시되 네가 네 아내의 말을 듣고 내가 너더러 먹지 말라 한 나무 실
과를 먹었은즉 땅은 너로 인하여 저주를 받고 너는 종신토록 수고하여야 그 소
산을 먹으리라
18 땅이 네게 가시덤불과 엉겅퀴를 낼 것이라 너의 먹을 것은 밭의 채소인즉
19 네가 얼굴에 땀이 흘러야 식물을 먹고 필경은 흙으로 돌아가리니 그 속에서 네
가 취함을 입었음이라 너는 흙이니 흙으로 돌아갈 것이니라 하시니라
20 아담이 그 아내를 하와라 이름하였으니 그는 모든 산 자의 어미가 됨이더라
21 여호와 하나님이 아담과 그 아내를 위하여 가죽옷을 지어 입히시니라
22 여호와 하나님이 가라사대 보라 이 사람이 선악을 아는 일에 우리 중 하나같이
되었으니 그가 그 손을 들어 생명나무 실과도 따먹고 영생할까 하노라 하시고
23 여호와 하나님이 에덴 동산에서 그 사람을 내어 보내어 그의 근본된 토지를 갈

게 하시니라
24 이같이 하나님이 그 사람을 쫓아내시고 에덴 동산 동편에 그룹들과 두루 도는
화염검을 두어 생명나무의 길을 지키게 하시니라

창세기 4장

장제목 : ____________________

요 절 : ____________________

1 아담이 그 아내 하와와 동침하매 하와가 잉태하여 가인을 낳고 이르되 내가 여
호와로 말미암아 득남하였다 하니라
2 그가 또 가인의 아우 아벨을 낳았는데 아벨은 양 치는 자이었고 가인은 농사하
는 자이었더라
3 세월이 지난 후에 가인은 땅의 소산으로 제물을 삼아 여호와께 드렸고
4 아벨은 자기도 양의 첫 새끼와 그 기름으로 드렸더니 여호와께서 아벨과 그 제
물은 열납하셨으나
5 가인과 그 제물은 열납하지 아니하신지라 가인이 심히 분하여 안색이 변하니
6 여호와께서 가인에게 이르시되 네가 분하여 함은 어찜이며 안색이 변함은 어찜
이뇨
7 네가 선을 행하면 어찌 낯을 들지 못하겠느냐 선을 행치 아니하면 죄가 문에 엎
드리느니라 죄의 소원은 네게 있으나 너는 죄를 다스릴지니라
8 가인이 그 아우 아벨에게 고하니라 그 후 그들이 들에 있을 때에 가인이 그 아우
아벨을 쳐죽이니라
9 여호와께서 가인에게 이르시되 네 아우 아벨이 어디 있느냐 그가 가로되 내가
알지 못하나이다 내가 내 아우를 지키는 자니이까
10 가라사대 네가 무엇을 하였느냐 네 아우의 핏소리가 땅에서부터 내게 호소하느
니라
11 땅이 그 입을 벌려 네 손에서부터 네 아우의 피를 받았은즉 네가 땅에서 저주를

받으리니
12 네가 밭 갈아도 땅이 다시는 그 효력을 네게 주지 아니할 것이요 너는 땅에서 피
하며 유리하는 자가 되리라
13 가인이 여호와께 고하되 내 죄벌이 너무 중하여 견딜 수 없나이다
14 주께서 오늘 이 지면에서 나를 쫓아내시온즉 내가 주의 낯을 뵈옵지 못하리니
내가 땅에서 피하며 유리하는 자가 될지라 무릇 나를 만나는 자가 나를 죽이겠
나이다
15 여호와께서 그에게 이르시되 그렇지 않다 가인을 죽이는 자는 벌을 칠 배나 받
으리라 하시고 가인에게 표를 주사 만나는 누구에게든지 죽임을 면케 하시니라
16 가인이 여호와의 앞을 떠나 나가 에덴 동편 놋 땅에 거하였더니
17 아내와 동침하니 그가 잉태하여 에녹을 낳은지라 가인이 성을 쌓고 그 아들의
이름으로 성을 이름하여 에녹이라 하였더라
18 에녹이 이랏을 낳았고 이랏은 므후야엘을 낳았고 므후야엘은 므드사엘을 낳았고
므드사엘은 라멕을 낳았더라
19 라멕이 두 아내를 취하였으니 하나의 이름은 아다요 하나의 이름은 씰라며
20 아다는 야발을 낳았으니 그는 장막에 거하여 육축 치는 자의 조상이 되었고
21 그 아우의 이름은 유발이니 그는 수금과 퉁소를 잡는 모든 자의 조상이 되었으며
22 씰라는 두발가인을 낳았으니 그는 동철로 각양 날카로운 기계를 만드는 자요 두
발가인의 누이는 나아마이었더라
23 라멕이 아내들에게 이르되 아다와 씰라여 내 소리를 들으라 라멕의 아내들이여
내 말을 들으라 나의 창상을 인하여 내가 사람을 죽였고 나의 상함을 인하여 소
년을 죽였도다
24 가인을 위하여는 벌이 칠 배일진대 라멕을 위하여는 벌이 칠십칠 배이리로다 하

였더라
25 아담이 다시 아내와 동침하매 그가 아들을 낳아 그 이름을 셋이라 하였으니 이
는 하나님이 내게 가인의 죽인 아벨 대신에 다른 씨를 주셨다 함이며
26 셋도 아들을 낳고 그 이름을 에노스라 하였으며 그 때에 사람들이 비로소 여호
와의 이름을 불렀더라

창세기 5장

장제목 : ____________________

요 절 : ____________________

1 아담 자손의 계보가 이러하니라 하나님이 사람을 창조하실 때에 하나님의 형상
대로 지으시되
2 남자와 여자를 창조하셨고 그들이 창조되던 날에 하나님이 그들에게 복을 주시
고 그들의 이름을 사람이라 일컬으셨더라
3 아담이 일백삼십 세에 자기 모양 곧 자기 형상과 같은 아들을 낳아 이름을 셋이
라 하였고
4 아담이 셋을 낳은 후 팔백 년을 지내며 자녀를 낳았으며
5 그가 구백삼십 세를 향수하고 죽었더라
6 셋은 일백오 세에 에노스를 낳았고
7 에노스를 낳은 후 팔백칠 년을 지내며 자녀를 낳았으며
8 그가 구백십이 세를 향수하고 죽었더라
9 에노스는 구십 세에 게난을 낳았고
10 게난을 낳은 후 팔백십오 년을 지내며 자녀를 낳았으며
11 그가 구백오 세를 향수하고 죽었더라
12 게난은 칠십 세에 마할랄렐을 낳았고
13 마할랄렐을 낳은 후 팔백사십 년을 지내며 자녀를 낳았으며
14 그가 구백십 세를 향수하고 죽었더라
15 마할랄렐은 육십오 세에 야렛을 낳았고
16 야렛을 낳은 후 팔백삼십 년을 지내며 자녀를 낳았으며

17 그가 팔백 구십오 세를 향수하고 죽었더라
18 야렛은 일백육십이 세에 에녹을 낳았고
19 에녹을 낳은 후 팔백 년을 지내며 자녀를 낳았으며
20 그가 구백 육십이 세를 향수하고 죽었더라
21 에녹은 육십오 세에 므두셀라를 낳았고
22 므드셀라를 낳은 후 삼백 년을 하나님과 동행하며 자녀를 낳았으며
23 그가 삼백육십오 세를 향수하였더라
24 에녹이 하나님과 동행하더니 하나님이 그를 데려가시므로 세상에 있지 아니하였
더라
25 므두셀라는 일백팔십칠 세에 라멕을 낳았고
26 라멕을 낳은 후 칠백팔십이 년을 지내며 자녀를 낳았으며
27 그는 구백육십구 세를 향수하고 죽었더라
28 라멕은 일백팔십이 세에 아들을 낳고
29 이름을 노아라 하여 가로되 여호와께서 땅을 저주하시므로 수고로이 일하는 우
리를 이 아들이 안위하리라 하였더라
30 라멕이 노아를 낳은 후 오백구십오 년을 지내며 자녀를 낳았으며
31 그는 칠백칠십칠 세를 향수하고 죽었더라
32 노아가 오백 세 된 후에 셈과 함과 야벳을 낳았더라

창세기 6장

장제목 : ________________

요　절 : ________________

1 사람이 땅 위에 번성하기 시작할 때에 그들에게서 딸들이 나니
2 하나님의 아들들이 사람의 딸들의 아름다움을 보고 자기들의 좋아하는 모든 자
로 아내를 삼는지라
3 여호와께서 가라사대 나의 신이 영원히 사람과 함께 하지 아니하리니 이는 그들
이 육체가 됨이라 그러나 그들의 날은 일백이십 년이 되리라 하시니라
4 당시에 땅에 네피림이 있었고 그 후에도 하나님의 아들들이 사람의 딸들을 취하
여 자식을 낳았으니 그들이 용사라 고대에 유명한 사람이었더라
5 여호와께서 사람의 죄악이 세상에 관영함과 그 마음의 생각의 모든 계획이 항상
악할 뿐임을 보시고
6 땅 위에 사람 지으셨음을 한탄하사 마음에 근심하시고
7 가라사대 나의 창조한 사람을 내가 지면에서 쓸어 버리되 사람으로부터 육축과
기는 것과 공중의 새까지 그리하리니 이는 내가 그것을 지었음을 한탄함이니라
하시니라
8 그러나 노아는 여호와께 은혜를 입었더라
9 노아의 사적은 이러하니라 노아는 의인이요 당세에 완전한 자라 그가 하나님과
동행하였으며
10 그가 세 아들을 낳았으니 셈과 함과 야벳이라
11 때에 온 땅이 하나님 앞에 패괴하여 강포가 땅에 충만한지라
12 하나님이 보신즉 땅이 패괴하였으니 이는 땅에서 모든 혈육 있는 자의 행위가

패괴함이었더라
13 하나님이 노아에게 이르시되 모든 혈육 있는 자의 강포가 땅에 가득하므로 그
끝날이 내 앞에 이르렀으니 내가 그들을 땅과 함께 멸하리라
14 너는 잣나무로 너를 위하여 방주를 짓되 그 안에 간들을 막고 역청으로 그 안팎
에 칠하라
15 그 방주의 제도는 이러하니 장이 삼백 규빗, 광이 오십 규빗, 고가 삼십 규빗이며
16 거기 창을 내되 위에서부터 한 규빗에 내고 그 문은 옆으로 내고 상 중 하 삼층
으로 할지니라
17 내가 홍수를 땅에 일으켜 무릇 생명의 기식 있는 육체를 천하에서 멸절하리니
땅에 있는 자가 다 죽으리라
18 그러나 너와는 내가 내 언약을 세우리니 너는 네 아들들과 네 아내와 네 자부들
과 함께 그 방주로 들어가고
19 혈육 있는 모든 생물을 너는 각기 암수 한 쌍씩 방주로 이끌어들여 너와 함께 생
명을 보존케 하되
20 새가 그 종류대로, 육축이 그 종류대로, 땅에 기는 모든 것이 그 종류대로, 각기
둘씩 네게로 나아오리니 그 생명을 보존케 하라
21 너는 먹을 모든 식물을 네게로 가져다가 저축하라 이것이 너와 그들의 식물이
되리라
22 노아가 그와 같이 하되 하나님이 자기에게 명하신 대로 다 준행하였더라

창세기 7장

장제목 : ______________________________

요 절 : ______________________________

1 여호와께서 노아에게 이르시되 너와 네 온 집은 방주로 들어가라 네가 이 세대
에 내 앞에서 의로움을 내가 보았음이니라
2 너는 모든 정결한 짐승은 암수 일곱씩, 부정한 것은 암수 둘씩을 네게로 취하며
3 공중의 새도 암수 일곱씩을 취하여 그 씨를 온 지면에 유전케 하라
4 지금부터 칠 일이면 내가 사십 주야를 땅에 비를 내려 나의 지은 모든 생물을 지
면에서 쓸어 버리리라
5 노아가 여호와께서 자기에게 명하신 대로 다 준행하였더라
6 홍수가 땅에 있을 때에 노아가 육백 세라
7 노아가 아들들과 아내와 자부들과 함께 홍수를 피하여 방주에 들어갔고
8 정결한 짐승과 부정한 짐승과 새와 땅에 기는 모든 것이
9 하나님이 노아에게 명하신 대로 암수 둘씩 노아에게 나아와 방주로 들어갔더니
10 칠 일 후에 홍수가 땅에 덮이니
11 노아 육백 세 되던 해 이월 곧 그 달 십칠일이라 그 날에 큰 깊음의 샘들이 터지
며 하늘의 창들이 열려
12 사십 주야를 비가 땅에 쏟아졌더라
13 곧 그 날에 노아와 그의 아들 셈, 함, 야벳과 노아의 처와 세 자부가 다 방주로
들어갔고
14 그들과 모든 들짐승이 그 종류대로, 모든 육축이 그 종류대로, 땅에 기는 모든
것이 그 종류대로, 모든 새 곧 각양의 새가 그 종류대로

15 무릇 기식이 있는 육체가 둘씩 노아에게 나아와 방주로 들어갔으니
16 들어간 것들은 모든 것의 암수라 하나님이 그에게 명하신 대로 들어가매 여호와
께서 그를 닫아 넣으시니라
17 홍수가 땅에 사십 일을 있었는지라 물이 많아져 방주가 땅에서 떠올랐고
18 물이 더 많아져 땅에 창일하매 방주가 물 위에 떠 다녔으며
19 물이 땅에 더욱 창일하매 천하에 높은 산이 다 덮였더니
20 물이 불어서 십오 규빗이 오르매 산들이 덮인지라
21 땅 위에 움직이는 생물이 다 죽었으니 곧 새와 육축과 들짐승과 땅에 기는 모든
것과 모든 사람이라
22 육지에 있어 코로 생물의 기식을 호흡하는 것은 다 죽었더라
23 지면의 모든 생물을 쓸어 버리시니 곧 사람과 짐승과 기는 것과 공중의 새까지
라 이들은 땅에서 쓸어 버림을 당하였으되 홀로 노아와 그와 함께 방주에 있던
자만 남았더라
24 물이 일백오십 일을 땅에 창일하였더라

창세기 8장

장제목 : ____________________

요　절 : ____________________

1 하나님이 노아와 그와 함께 방주에 있는 모든 들짐승과 육축을 권념하사 바람으
로 땅 위에 불게 하시매 물이 감하였고
2 깊음의 샘과 하늘의 창이 막히고 하늘에서 비가 그치매
3 물이 땅에서 물러가고 점점 물러가서 일백오십 일 후에 감하고
4 칠월 곧 그 달 십칠일에 방주가 아라랏 산에 머물렀으며
5 물이 점점 감하여 시월 곧 그 달 일일에 산들의 봉우리가 보였더라
6 사십 일을 지나서 노아가 그 방주에 지은 창을 열고
7 까마귀를 내어 놓으매 까마귀가 물이 땅에서 마르기까지 날아 왕래하였더라
8 그가 또 비둘기를 내어 놓아 지면에 물이 감한 여부를 알고자 하매
9 온 지면에 물이 있으므로 비둘기가 접족할 곳을 찾지 못하고 방주로 돌아와 그
에게로 오는지라 그가 손을 내밀어 방주 속 자기에게로 받아들이고
10 또 칠 일을 기다려 다시 비둘기를 방주에서 내어 놓으매
11 저녁때에 비둘기가 그에게로 돌아왔는데 그 입에 감람 새 잎사귀가 있는지라 이
에 노아가 땅에 물이 감한 줄 알았으며
12 또 칠 일을 기다려 비둘기를 내어 놓으매 다시는 그에게로 돌아오지 아니하였더라
13 육백일년 정월 곧 그 달 일일에 지면에 물이 걷힌지라 노아가 방주 뚜껑을 제치
고 본즉 지면에 물이 걷혔더니
14 이월 이십칠일에 땅이 말랐더라
15 하나님이 노아에게 말씀하여 가라사대

16 너는 네 아내와 네 아들들과 네 자부들로 더불어 방주에서 나오고
17 너와 함께한 모든 혈육 있는 생물 곧 새와 육축과 땅에 기는 모든 것을 다 이끌
어 내라 이것들이 땅에서 생육하고 땅에서 번성하리라 하시매
18 노아가 그 아들들과 그 아내와 그 자부들과 함께 나왔고
19 땅 위의 동물 곧 모든 짐승과 모든 기는 것과 모든 새도 그 종류대로 방주에서
나왔더라
20 노아가 여호와를 위하여 단을 쌓고 모든 정결한 짐승 중에서와 모든 정결한 새
중에서 취하여 번제로 단에 드렸더니
21 여호와께서 그 향기를 흠향하시고 그 중심에 이르시되 내가 다시는 사람으로 인
하여 땅을 저주하지 아니하리니 이는 사람의 마음의 계획하는 바가 어려서부터
악함이라 내가 전에 행한 것같이 모든 생물을 멸하지 아니하리니
22 땅이 있을 동안에는 심음과 거둠과 추위와 더위와 여름과 겨울과 낮과 밤이 쉬
지 아니하리라

창세기 9장

장제목 : ______________________

요　절 : ______________________

1 하나님이 노아와 그 아들들에게 복을 주시며 그들에게 이르시되 생육하고 번성
하여 땅에 충만하라
2 땅의 모든 짐승과 공중의 모든 새와 땅에 기는 모든 것과 바다의 모든 고기가 너
희를 두려워하며 너희를 무서워하리니 이들은 너희 손에 붙이웠음이라
3 무릇 산 동물은 너희의 식물이 될지라 채소같이 내가 이것을 다 너희에게 주노라
4 그러나 고기를 그 생명 되는 피 채 먹지 말 것이니라
5 내가 반드시 너희 피 곧 너희 생명의 피를 찾으리니 짐승이면 그 짐승에게서, 사
람이나 사람의 형제면 그에게서 그의 생명을 찾으리라
6 무릇 사람의 피를 흘리면 사람이 그 피를 흘릴 것이니 이는 하나님이 자기 형상
대로 사람을 지었음이니라
7 너희는 생육하고 번성하며 땅에 편만하여 그 중에서 번성하라 하셨더라
8 하나님이 노아와 그와 함께한 아들들에게 일러 가라사대
9 내가 내 언약을 너희와 너희 후손과
10 너희와 함께한 모든 생물 곧 너희와 함께한 새와 육축과 땅의 모든 생물에게 세
우리니 방주에서 나온 모든 것 곧 땅의 모든 짐승에게니라
11 내가 너희와 언약을 세우리니 다시는 모든 생물을 홍수로 멸하지 아니할 것이라
땅을 침몰할 홍수가 다시 있지 아니하리라
12 하나님이 가라사대 내가 나와 너희와 및 너희와 함께 하는 모든 생물 사이에 영
세까지 세우는 언약의 증거는 이것이라

13 내가 내 무지개를 구름 속에 두었나니 이것이 나의 세상과의 언약의 증거니라
14 내가 구름으로 땅을 덮을 때에 무지개가 구름 속에 나타나면
15 내가 나와 너희와 및 혈기 있는 모든 생물 사이의 내 언약을 기억하리니 다시는
물이 모든 혈기 있는 자를 멸하는 홍수가 되지 아니할지라
16 무지개가 구름 사이에 있으리니 내가 보고 나 하나님과 땅의 무릇 혈기 있는 모
든 생물 사이에 된 영원한 언약을 기억하리라
17 하나님이 노아에게 또 이르시되 내가 나와 땅에 있는 모든 생물 사이에 세운 언
약의 증거가 이것이라 하셨더라
18 방주에서 나온 노아의 아들들은 셈과 함과 야벳이며 함은 가나안의 아비라
19 노아의 이 세 아들로 좇아 백성이 온 땅에 퍼지니라
20 노아가 농업을 시작하여 포도나무를 심었더니
21 포도주를 마시고 취하여 그 장막 안에서 벌거벗은지라
22 가나안의 아비 함이 그 아비의 하체를 보고 밖으로 나가서 두 형제에게 고하매
23 셈과 야벳이 옷을 취하여 자기들의 어깨에 메고 뒷걸음쳐 들어가서 아비의 하체
에 덮었으며 그들이 얼굴을 돌이키고 그 아비의 하체를 보지 아니하였더라
24 노아가 술이 깨어 그 작은 아들이 자기에게 행한 일을 알고
25 이에 가로되 가나안은 저주를 받아 그 형제의 종들의 종이 되기를 원하노라
26 또 가로되 셈의 하나님 여호와를 찬송하리로다 가나안은 셈의 종이 되고
27 하나님이 야벳을 창대케 하사 셈의 장막에 거하게 하시고 가나안은 그의 종이
되게 하시기를 원하노라 하였더라
28 홍수 후에 노아가 삼백오십 년을 지내었고
29 향년이 구백오십 세에 죽었더라

창세기 10장

장제목 : ______________________

요　절 : ______________________

1 노아의 아들 셈과 함과 야벳의 후예는 이러하니라 홍수 후에 그들이 아들들을
낳았으니
2 야벳의 아들은 고멜과 마곡과 마대와 야완과 두발과 메섹과 디라스요
3 고멜의 아들은 아스그나스와 리밧과 도갈마요
4 야완의 아들은 엘리사와 달시스와 깃딤과 도다님이라
5 이들로부터 여러 나라 백성으로 나뉘어서 각기 방언과 종족과 나라대로 바닷가
의 땅에 머물렀더라
6 함의 아들은 구스와 미스라임과 붓과 가나안이요
7 구스의 아들은 스바와 하윌라와 삽다와 라아마와 삽드가요 라아마의 아들은 스
바와 드단이며
8 구스가 또 니므롯을 낳았으니 그는 세상에 처음 영걸이라
9 그가 여호와 앞에서 특이한 사냥꾼이 되었으므로 속담에 이르기를 아무는 여호
와 앞에 니므롯 같은 특이한 사냥꾼이로다 하더라
10 그의 나라는 시날 땅의 바벨과 에렉과 악갓과 갈레에서 시작되었으며
11 그가 그 땅에서 앗수르로 나아가 니느웨와 르호보딜과 갈라와
12 및 니느웨와 갈라 사이의 레센 (이는 큰 성이라) 을 건축하였으며
13 미스라임은 루딤과 아나밈과 르하빔과 납두힘과
14 바드루심과 가슬루힘과 갑도림을 낳았더라 (블레셋이 가슬루힘에게서 나왔더라)
15 가나안은 장자 시돈과 헷을 낳고

16 또 여부스 족속과 아모리 족속과 기르가스 족속과
17 히위 족속과 알가 족속과 신 족속과
18 아르왓 족속과 스말 족속과 하맛 족속의 조상을 낳았더니 이 후로 가나안 자손
의 족속이 흩어져 처하였더라
19 가나안의 지경은 시돈에서부터 그랄을 지나 가사까지와 소돔과 고모라와 아드마
와 스보임을 지나 라사까지였더라
20 이들은 함의 자손이라 각기 족속과 방언과 지방과 나라대로이었더라
21 셈은 에벨 온 자손의 조상이요 야벳의 형이라 그에게도 자녀가 출생하였으니
22 셈의 아들은 엘람과 앗수르와 아르박삿과 룻과 아람이요
23 아람의 아들은 우스와 훌과 게델과 마스며
24 아르박삿은 셀라를 낳고 셀라는 에벨을 낳았으며
25 에벨은 두 아들을 낳고 하나의 이름을 벨렉이라 하였으니 그 때에 세상이 나뉘
었음이요 벨렉의 아우의 이름은 욕단이며
26 욕단은 알모닷과 셀렙과 하살마ㅇ과 예라와
27 하도람과 우살과 디글라와
28 오발과 아비마엘과 스바와
29 오빌과 하윌라와 요밥을 낳았으니 이들은 다 욕단의 아들이며
30 그들의 거하는 곳은 메사에서부터 스발로 가는 길의 동편 산이었더라
31 이들은 셈의 자손이라 그 족속과 방언과 지방과 나라대로였더라
32 이들은 노아 자손의 족속들이요 그 세계와 나라대로라 홍수 후에 이들에게서 땅
의 열국 백성이 나뉘었더라

창세기 11장

장제목 : ______________________________

요　절 : ______________________________

1 온 땅의 구음이 하나이요 언어가 하나이었더라
2 이에 그들이 동방으로 옮기다가 시날 평지를 만나 거기 거하고
3 서로 말하되 자, 벽돌을 만들어 견고히 굽자 하고 이에 벽돌로 돌을 대신하며 역
청으로 진흙을 대신하고
4 또 말하되 자, 성과 대를 쌓아 대 꼭대기를 하늘에 닿게 하여 우리 이름을 내고
온 지면에 흩어짐을 면하자 하였더니
5 여호와께서 인생들의 쌓는 성과 대를 보시려고 강림하셨더라
6 여호와께서 가라사대 이 무리가 한 족속이요 언어도 하나이므로 이같이 시작하
였으니 이후로는 그 경영하는 일을 금지할 수 없으리로다
7 자, 우리가 내려가서 거기서 그들의 언어를 혼잡케 하여 그들로 서로 알아듣지
못하게 하자 하시고
8 여호와께서 거기서 그들을 온 지면에 흩으신 고로 그들이 성 쌓기를 그쳤더라
9 그러므로 그 이름을 바벨이라 하니 이는 여호와께서 거기서 온 땅의 언어를 혼
잡케 하셨음이라 여호와께서 거기서 그들을 온 지면에 흩으셨더라
10 셈의 후예는 이러하니라 셈은 일백 세 곧 홍수 후 이년에 아르박삿을 낳았고
11 아르박삿을 낳은 후에 오백 년을 지내며 자녀를 낳았으며
12 아르박삿은 삼십오 세에 셀라를 낳았고
13 셀라를 낳은 후에 사백삼 년을 지내며 자녀를 낳았으며
14 셀라는 삼십 세에 에벨을 낳았고

15 에벨을 낳은 후에 사백삼 년을 지내며 자녀를 낳았으며
16 에벨은 삼십사 세에 벨렉을 낳았고
17 벨렉을 낳은 후에 사백삼십 년을 지내며 자녀를 낳았으며
18 벨렉은 삼십 세에 르우를 낳았고
19 르우를 낳은 후에 이백구 년을 지내며 자녀를 낳았으며
20 르우는 삼십이 세에 스룩을 낳았고
21 스룩을 낳은 후에 이백칠 년을 지내며 자녀를 낳았으며
22 스룩은 삼십 세에 나홀을 낳았고
23 나홀을 낳은 후에 이백 년을 지내며 자녀를 낳았으며
24 나홀은 이십구 세에 데라를 낳았고
25 데라를 낳은 후에 일백십구 년을 지내며 자녀를 낳았으며
26 데라는 칠십 세에 아브람과 나홀과 하란을 낳았더라
27 데라의 후예는 이러하니라 데라는 아브람과 나홀과 하란을 낳았고 하란은 롯을
낳았으며
28 하란은 그 아비 데라보다 먼저 본토 갈대아 우르에서 죽었더라
29 아브람과 나홀이 장가들었으니 아브람의 아내 이름은 사래며 나홀의 아내 이름
은 밀가니 하란의 딸이요 하란은 밀가의 아비며 또 이스가의 아비더라
30 사래는 잉태하지 못하므로 자식이 없었더라
31 데라가 그 아들 아브람과 하란의 아들 그 손자 롯과 그 자부 아브람의 아내 사래
를 데리고 갈대아 우르에서 떠나 가나안 땅으로 가고자 하더니 하란에 이르러
거기 거하였으며
32 데라는 이백오 세를 향수하고 하란에서 죽었더라

PRECEPT BOOK LIST

Ⅰ. 리더십 · 성공

1 리더가 저지르기 쉬운 10가지 실수 한스 핀젤
2 리더십의 고지, 이렇게 점령하라! 김경섭
3 성공의 삶을 디자인하라 피터 허쉬
4 성공의 7가지 장애 김병삼
5 참된 성공에 이르는 비결 데이비드 쇼트
6 파워 리더 게리 R. 콜린스
7 파워 리더 여호수아 김경섭
8 파워 리더 느헤미야 김경섭
9 모세 지도력의 비밀 김경섭
10 명품리더십 김병삼
11 사사열전 김경섭

Ⅱ. 영성 · 자기 계발

1 감동을 창조하는 인간관계 윌리엄 J. 디엄
2 강한 그리스도인이 되는 12가지 원리 박종신
3 까다로운 사람들과 함께 만드는 교향곡 윌리엄 J. 디엄
4 당신은 건강한 그리스도인인가? R.C. 스프롤
5 당신은 포로인가? 프로인가? 토마스 화이트맨 외
6 복 있는 사람 고신일
7 성경적 E.Q 개발 크리스 터만
8 세상을 이기는 그리스도인 김연택
9 올해를 최고의 해로 만드는 52가지 방법 토드 템플
10 운명의 사슬에 도전하라 강경민
11 영적싸움에서 승리하는 비결 케이 아더
12 영성 회복을 위한 7가지 열쇠 스티븐 아터번 · 데이빗 스툽
13 인생의 길을 묻는 그대에게 제임스 돕슨
14 지혜로운 생테크 이렇게 하라 웨인 슈미트
15 축복의 언어 존 트렌트 · 게리 스몰리
16 흔들리지 않는 믿음 엘리자베스 엘리엇
17 고통의 의미 케이 아더
18 소망 케이 아더
19 하나님을 향한 마음 케이 아더
20 하나님의 주권 케이 아더
21 비전의 힘 마일즈 먼로
22 축복의 통로 래리 허커
23 너무도 소중한 나 짐 심발라 · 딘 메릴
24 영적 전투의 전략 워렌 W. 위어스비

Ⅲ. 가정 · 상담 · 치유

1 남성, 그 위대성의 본질 제임스 돕슨
2 마음 아픈 이들을 위하여 에이미 로스 멈포드
3 사랑은 강인해야 한다 제임스 돕슨
4 상처 입은 영혼의 치유 알프레드 엘스
5 성, 그 끝없는 유혹 케이 아더
6 숨겨진 상처를 드러내라 레스 카터 · 프랭크 미너쓰
7 아내 학대, 그 치유와 소망 준 헌트
8 아내를 사랑하는 10가지 방법 한스 핀젤
9 용기가 필요한 믿음의 여인들 레브라 에반스
10 행복한 결혼생활의 비결 케이 아더
11 우리 시대의 아픔과 사랑이야기 오성춘
12 영적 치유 케이 아더
13 자녀를 하나님의 사람으로 만드는 43가지 지혜 앤드류 머레이
14 하나님의 세미한 음성 케이 아더
15 주님, 내 중심에 말씀하소서 케이 아더
16 자녀와 함께 드리는 가정예배 프리셉트성경연구원
17 자녀들에게 들려주는 성 이야기 시리즈 (취학 전 아동, 초·중·고등학생) 존스 부처
18 감정 치유의 6단계 데이비드 클락

Ⅳ. 묵상 · 성경공부

1 큐티합시다 오대희
2 수험생을 위한 100일 묵상 프리셉트성경연구원
3 큐틴즈 양희만 · 이재학
4 일년일독 매일 묵상 주경로
5 입시생을 위한 묵상 김우영
6 큐티 첫걸음 프리셉트성경연구원
7 효과적인 경건의 시간 케이 아더

Ⅴ. 클래식 시리즈

1 온전한 순종 앤드류 머레이
2 D.L. 무디의 Secret Power D.L. 무디
3 인류 최고의 고전 그리스도를 본받아 토마스 아 켐피스
4 앤드류 머레이의 하늘문을 여는 기도 앤드류 머레이
5 찰스 스펄전의 은혜 찰스 스펄전
6 예수님이라면 어떻게 하실까? 찰스 쉘던
7 현대인을 위한 어거스틴의 참회록 성 어거스틴
8 현대인을 위한 참된 목자 리처드 백스터
9 현대인을 위한 성도의 공동생활 디트리히 본회퍼
10 현대인을 위한 죄 죽이기 존 오웬
11 현대인을 위한 천로역정 존 번연

Ⅵ. 어린이 · 청소년

1 놀라운 성경탐험 메리 홀링스워스
2 말씀으로 치유되는 십대들의 고민 50가지 필 첼머스
3 믿음이 쑥쑥 자라고 있어요 존 맥아더
4 예수님이라면 어떻게 하실까요? 찰스 쉘던
5 나의 사랑하는 성경(구약, 신약) 오대희

6 프리셉트 어린이 영어찬양 프리셉트성경연구원
7 하나님은 너를 사랑해 요한스미스 · 헬레나 스미스
8 파란 눈의 중국인 선교사 허드슨 테일러 캐서린 맥켄지
9 고아들의 영웅 조지 뮬러 아이린 호왓
10 코리 텐 붐 체스티 호프 바에즈
11 365일 이야기 그림 성경 엘시 이거마이어
12 청소년을 위한 구약개관 프리셉트성경연구원
13 벤허 루 월리스
14 어린이를 위한 천로역정 존 번연

Ⅶ. 기도 · 신앙생활

1 기도하는 엄마들 펀 니콜스
2 기도하십니까? 후안 카를로스 오르티즈
3 너무너무 궁금한 질문 101가지 웨인 데이빗
4 교회, 처음 오셨어요? 윤지현
5 삶을 변화시킨 끄웨르바 이야기 김연수
6 아브라함의 생애 이규봉
7 홍정길 목사의 301가지 감동스토리 Ⅰ 홍정길
8 홍정길 목사의 301가지 감동스토리 Ⅱ 홍정길
10 왜 다윗인가? 강경민
11 언약, 신실하신 하나님의 약속 케이 아더
12 신앙생활 ABC 박광철
13 하나님, 솔직히 돈이 좋아요 김병삼
14 효과적인 복음전도 이렇게 하라 더글라스 포터
15 그리스도의 가상칠언 김경섭
16 하나님을 미소짓게 하는 이야기 김병삼
17 하나님을 눈물나게 하는 이야기 김병삼
18 희망을 노래하는 소나타 고신일
19 삶을 변화시키는 성령의 능력 해롤드 힐

Ⅷ. 목회 · 교회 · 교육

1 가정교회를 일으켜라 래리 크레이더
2 교육전도사 매뉴얼 정삼희
3 교회 인사 행정론 김경섭
4 교회성장의 한계 이렇게 돌파하라 칼 죠지
5 목회 혁신 라일리 쉘러
6 너희 마음의 소원을 이루리로다 홍정길 · 이동원 외
7 감사의 향기 홍정길 · 이동원 외
8 가장 귀한 선물 홍정길 · 이동원 외
9 효과적인 목회전략 토니모건 · 팀 스티븐스
10 성경이 말하는 방언 케이 아더
11 귀납적 성경연구 방법 케이 아더
12 성경을 효과적으로 기르치는 비결 케이 아더
13 예수 믿지 않는 사람들의 눈에 비친 교회 김병삼
14 열린 예배? 현대 예배! 김병삼
15 파워! 전도중심교회 김상현
16 영어성경으로 영어를 마스터하자 이용태
17 올드 앤 뉴 김우영 · 김병삼
18 장로교와 감리교 무엇이 다른가? 김우영
19 심방설교 핵심파일 프리셉트성경연구원
20 존 스토트 설교의 원리와 방법 안병만
21 청중을 사로잡는 설교자 캘빈 밀러
22 파워 설교 레그 그랜트 · 존 리드
23 팀사역 래리 길버트
24 팀으로 이끄는 교회 웨인 코디로
25 한국교회 목회자를 깨운다 김연택
26 원어로 여는 성경 안유섭
27 원어로 여는 로마서 1 안유섭
28 원어로 여는 로마서 2 안유섭
29 팀 시리즈 래리 길버트
30 하나님의 존재증거 케네스 보아 · 로버트 바우만
31 어린이들을 예수님께로 데이빗 스탈
32 십대를 변화시키는 라이프코칭 로저 크로스
33 진리를 갈망하다 래비 재커라이어스
34 나의 나 된 것은 하나님의 은혜라 케이 아더
35 하나님 이름에 숨겨진 비밀 케이 아더
36 네트워크 은사발견 사역 빌 하이벨스
37 위대한 교사 위대한 리더 게리 브레드펠트
38 성경길잡이 케이 아더
39 어린이 전도행전 홍영순
40 예수님의 비유를 풀어 쓴 천국 시크릿 김연수

Ⅸ. 핸드북

1 그리스도와 함께 앤드류 머레이
2 기도, 하나님과의 로망스 후안 카를로스 오르티즈
3 나를 연단하시는 하나님의 섭리 케이 아더
4 십자가 상의 일곱 마디 말씀 김경섭
5 소리나는 스프 홍정길
6 일상에서 배운 삶의 지혜 토드 템플
7 성공을 가로막는 일곱가지 장애 김병삼
8 성공을 디자인하는 삶의 비밀 피터 허쉬
9 인간관계, 감동으로 창조하라 윌리암 J. 디엄
10 영성회복을 위한 40가지 열쇠 피터 허쉬
11 토마스 아 켐피스의 그리스도를 본받아 토마스 아 켐피스

프리셉트 베스트 도서

놀라운 하나님의 이름

하나님의 이름에는 놀라운 능력이 숨겨져 있다. 그것을 알아가는 것은 그 능력을 소유하게 됨을 의미한다. 본서에서는 하나님의 이름에 담긴 능력을 소개하고 우리가 그 능력을 온전히 소유하도록 돕는다.

■ 김경섭 저 | 값 12,000원

가정교회를 일으켜라

이 책은 하나님께서 젊은 성도들의 소그룹을 세계적인 운동으로 바꾸어주신 이야기를 담고 있다. 때문에 소그룹과 가정교회의 미래 지도자들을 훈련하기에 더없이 좋은 책이다.

■ 래리 크레이더 저 | 값 12,000원

축복의 통로

지금도 우리는 날마다 하나님께 무언가를 구하고 있다. 그렇다면 우리의 삶에 유익한 것들을 구하는 것은 죄가 될까? 본서를 통해 믿음으로 축복을 누리는 방법을 배워보라.

■ 래리 허커 저 | 값 9,500원

축복의 언어

사람은 연령에 상관없이 타인에게 칭찬과 지지를 받을 때 자아가 건강해진다. 이 책을 읽은 당신은 자신의 배우자와 자녀, 그리고 친구들에게 칭찬과 격려를 아낌없이 베풀게 될 것이다.

■ 존 트렌트 · 게리 스몰리 저 | 값 9,500원

프리셉트 클래식 도서

현대인을 위한 천로역정

이 책은 기독교 문학의 영원한 고전이다. 존 번연의 인간에 대한 기발한 통찰력과 비유를 통해, 고난을 이겨내 천국에 입성하는 자신의 모습을 미리 맛볼 수 있을 것이다.

■ 존 번연 저 | 값 14,500원

현대인을 위한 성도의 공동생활

본 회퍼의 대표작인 이 책은 기독교 공동체가 갖는 사귐의 아름다운 영성을 주옥같은 필체로 형상화하여 제시하였다. 참된 신앙고백 안에서 그리스도인의 고귀한 사귐을 느껴보라.

■ 디트리히 본회퍼 저 | 값 11,000원

현대인을 위한 죄 죽이기

죄악 된 본성을 붙잡고 씨름할 때, 하나님의 방식대로 해야 열매를 거둘 수 있다. 성령의 능력으로 죄를 죽이고, 거룩한 삶을 사는 방법이 바로 이 책에 있다.

■ 존 오웬 저 | 값 13,000원

현대인을 위한 예수님이라면 어떻게 하실까?

본서를 통한 위대한 질문을 통해 우리는 자신의 삶을 다시 돌아보게 될 것이다. 우리의 삶에서 '예수님이라면 어떻게 하실까'를 먼저 생각한다면, 우리는 이미 주님의 발자취를 따라가고 있는 것이다.

■ 찰스 쉘던 저 | 값 11,000원

High 창세기 I

Precept

저자 | 프리셉트성경연구원

초판 1쇄 | 2004년 5월 7일
2판 1쇄 | 2011년 3월 11일
3판 1쇄 | 2012년 4월 27일

발행인 | 김경섭
국제총무 | 최복순
총무 | 김상현
기획국장 | 김현욱
사역부 | 박상철, 박소현
서적부 | 박진배, 신충경
편집부 | 조현영(팀장), 고유영, 강한나, 박은실

발행처 | 프리셉트선교회
등록번호 | 108-82-61175
일부총판 | (사) 두란노서원 Tel. (02) 2078-3333 Fax. 080-749-3705

서울시 동작구 사당5동 190-220 (우) 156-095
Tel. (02)588-2218 Fax. (02)588-2268 www.precept.or.kr
국민은행 772-21-0310-382(김경섭)

값 3,500원
ISBN 978-89-8475-546-8 04230
ISBN 978-89-8475-339-6 04230 (세트)

독자 여러분의 의견을 기다립니다.
독자 전화 (02) 588-2218 / pmnqt@hanmail.net